告诉孩子，你在为自己读书

李少聪◎著

学习好似一条没有终点的征途
知识则是助你砥砺前行的坚实臂膀
积跬步以至千里
积小流以成江河
愿学海之明灯能照亮你的未知前路
让你心之所想皆有所成

航空工业出版社
北京

内容提要

《告诉孩子，你在为自己读书》从八个方面讲述孩子应该为自己读书，主要教孩子如何正确进行学习，怎样通过读书来改变自己的人生。书中内容将理论与实践相结合，具有极强的实操性，能够帮助孩子清晰地认识到学习的重要性，树立起为自己读书的正确观念。

图书在版编目（CIP）数据

告诉孩子，你在为自己读书 / 李少聪著. -- 北京：航空工业出版社, 2023.5

ISBN 978-7-5165-3334-5

Ⅰ. ①告… Ⅱ. ①李… Ⅲ. ①学习心理学－青少年读物 Ⅳ. ① G442-49

中国国家版本馆 CIP 数据核字 (2023) 第 057518 号

告诉孩子，你在为自己读书

Gaosu Haizi，Nizaiwei Ziji Dushu

航空工业出版社出版发行

（北京市朝阳区京顺路5号曙光大厦C座四层 100028）

发行部电话：010-85672688 010-85672689

三河市双升印务有限公司印刷　　全国各地新华书店经售

2023 年 5 月第 1 版　　2023 年 5 月第 1 次印刷

开本：710 × 1000　1/16　　字数：156 千字

印张：11　　定价：39.80 元

前言

亲爱的孩子，你有没有想过一个问题：你究竟是在为谁读书？

也许你每天都被父母耳提面命甚至逼迫学习，觉得读书是为了父母；也许你一直在被灌输好好读书才能考上好大学，觉得读书就是为了考上大学；又或者你意识到了家中的贫困，认为读书就是为了长大赚钱。

然而，你读书真的只是为了你自己。

孩子，我知道读书很辛苦。人生的十几年都要在学校度过，所谓寒窗十几载，但读书也是一个人的蜕变之路。更何况，相比于生活的苦，读书的苦又算得了什么呢？孩子，如果你不愿意吃读书的苦，就要吃苦上几倍乃至几十倍的生活的苦。其实，读书并不苦，苦的是你放弃的后果。

当然，读书不等于苦学，在付出辛苦的同时，更需要付出智慧。伪装的努力和没有效率的努力毫无价值。读书，一定要向有结果的人学习，因为结果不会说谎。

那些让人羡慕的学霸都有一套自己的学习方法，你和学霸差的也许就是一套合适的学习方法。你可以通过不断地改变学习策略，不断尝试，对比读书的效果，总结属于自己的学习方法。你也可以向学霸们学习请教，拿他们的学习方法在自己身上试用，但不要盲目照搬套用。你还可以向老师请教，因为老师是你身边最棒的引导者，他们不仅拥有超丰富的学习经验，更对你的知识掌握程度有很确切的了解，多半能推荐出更实用的方法。

读书需要方法，更需要兴趣。你如果看见书就头疼，就很难发现读书的快乐，也很难有读书的主动性。不过，兴趣是可以培养的。当你阅读霍金的书时，你会喜欢上物理；当你动手做那些好玩的化学实验时，你会爱上化学；当你成功解决一道数学难题时，你会喜欢上数学。而且，学习也能像游戏一样有趣。把作业、习题当成是打小怪升级，把上课看作是闯关，而每天要完成的“主线任务”是记住当天学过的知识，还有背后的大 BOSS 就是考试。

榜样的力量也会影响你对学习的热情。试着找一个好的偶像，可以是同班级的同学，也可以是知名学者。用他们来激励你勇往直前。现在网络这么发达，就像是一个资料库，通过它你可以查到所有需要的材料。因此你应该合理利用网络，让它成为帮助你学习的最好工具。

孩子，高考是你人生中唯一一场公平性选拔考试。它无关出身，无关财产，无关家世，只看成绩和能力。青春应该用来去奋斗，而不是选择安逸。你若吃不了读书的苦，就要接受生活的磨难。无数选择退学的人，最后都后悔不已。他们在经历过各种挫折之后，才明白读书的真谛。

本书从八个方面讲述孩子应该为自己读书，主要教孩子如何正确进行学习，怎样通过读书来改变自己的人生。书中内容将理论与实践相结合，具有极强的实操性，能够帮助孩子清晰地认识到学习的重要性，树立起为自己读书的正确观念。

懂得为自己读书的孩子不仅能够高效率学习，掌握学习的正确方法，还能具备良好的意志品质，为未来打好基础。这样的孩子，在将来也会获得更多选择权，在未来遇见更好的自己。

目录

第一章

告诉孩子，你是在为自己读书

第二章

对待读书的态度，决定了你学习的高度

第一章

告诉孩子，你是在为自己读书

你不是在为妈妈读书，也不是在为爸爸读书，更不是为了活成谁、感动谁而读书。你读书是为了拥有更多选择权，为了自己想要的生活，为了活成自己想要的样子，遇见更好的自己。

孩子，你究竟是在为谁读书

德国思想家歌德说：“人不光是靠他生来就拥有一切，而是靠他从学习中所得到的一切来造就自己。”主动为自己读书，才能成就更好的自己。

1

女儿期末考试的成绩很不理想，我虽然自诩不是只看成绩的家长，但还是忍不住唠叨了一番，表现得很焦虑。当我又提起女儿不该因为马虎而丢分时，女儿不耐烦地说：“妈妈，你真的好烦！下次我给你考100分，行了吧？”

我一下子怔住，然后脾气一下子上来了，说：“你是给我学的是吧？”

女儿鼓着嘴不说话，气头上，我也不知道该如何教育她。

母女俩不欢而散。

想起看过一则消息，说曾经有一个语文老师在班级里提出了“你是在为谁读书”的话题。班上学生给出的答案大多数是“我是为爸爸妈妈读书”“我是为奶奶读书”，还有的说“我是为了考大学读书”。

这些答案怕是很多孩子的心声吧。的确，父母为了孩子能有个好成绩付出了很多，除了生活上的照顾外，还会牺牲自己的周末陪孩子奔波在各个培训班、兴趣班之间，甚至不惜对孩子进行威逼利诱。总之，你看起来比孩子表现得更积极，这很容易让孩子误以为上学就是为了父母。

但是，亲爱的女儿，当你抱着为我读书的目的，当你把读书当成是完成任务时，就很容易对读书产生厌倦。人就是这样，做一件事如果不是为了自己，动力就会少很多。

为此，我决定和女儿好好聊聊这个话题。

2

我先让女儿思考，她和她的同学，通常认为自己在为谁读书。

我将比较普遍的答案写在纸上：

（1）为了考高分而读书？

（2）为了昂贵的文凭而读书？

（3）为了同学的羡慕而读书？

（4）为了将来赚大钱而读书？

……

然后，我们逐个进行分析，第一种比较常见。因为老师和父母总是看重分数，高考拼的也是分数，所以分数就成了很多孩子的学习动力。

分数的确重要，但是女儿，你要知道，一旦被加上分数的桎梏，读书学习将变得毫无意义。作为学生，生活不能被考试占据，心情也不能完全由分数决定，因为世界不会因考得好就灿烂，也不会因考不好就灰暗。

成绩可以作为学习的动力，但不是根本动力。著名作家林语堂曾说过：“考试本来有其用处。譬如公司雇用人员修理机器，自必考验其技术，文官录用也必考验其学历，这自不必说。但是为考试而读书，便成恶性读书。”

第二种也不在少数。上次聊天聊到“985”高校，女儿，你曾经问我：

“是不是只有名牌大学的学生才能找到好工作？”这并不是一个能简单用是或者否来回答的问题，但可以肯定的是，读书不只是为了文凭。

竺可桢先生是著名气象学家，担任浙江大学校长十三年，他就曾警告过学子：“别为了文凭来大学。”文凭从来都不是上大学的首要意义，即便是你考了一个很好的大学，但只是靠混日子拿到毕业证，最终你也会被社会淘汰掉的。因为你的能力已经被同龄人远远地甩在后面。

第三种也不少见。女儿，你还记得那次考第一名吗？

领奖状的时候，你美滋滋地从讲台上走下来，隔着几米远，我都能感受到你非常开心。这个奖励也给了你了极大的动力，让你比之前更卖力，更有热情。你说，下次你还要考第一名。我问你被所有人注目的感觉是不是很爽，你说那当然了。遗憾的是，你没能保住自己第一名的宝座，你说自己发挥失常了，回家后沮丧了好几天，对学习也不那么上心积极了。

的确，别人的羡慕会让你产生被认可的感觉，成为你努力的动力。但如果你因此把别人的羡慕当作学习的目标，那就是本末倒置了。一旦这些羡慕与夸赞不再出现，你的学习动力就会随之消散。

如果你真的热爱读书学习，你根本不需要任何人的关注，你只要捧起一本书，无论有没有人注视，都不会影响你任何的心绪。

3

还没分析完，女儿喏喏地说：“我也知道读书是为自己好，但每天上学、放学，被老师批，被您催……”

是的，女儿，我理解你的心情，读书之路漫漫，就像冰冻三尺非一日之寒。如果你不能明白读书的意义，恐怕很难激起你对学习的兴趣。往大了说，书籍是人类进步的阶梯；往小了说，读书是你安身立命的根本。

白岩松曾说："你读书是在读什么？读鲁迅、周作人，还是傅雷、梅里美？其实都不是。你读所有的书，最终的目的都是读到自己。"

亲爱的女儿，读书的真正意义在于，你从中找到了自己，塑造了自己。这就是读书的目的所在。

读书，是为了让你将来拥有更多选择的权利

作家龙应台对儿子说：“孩子，我要求你读书用功，不是因为我要你跟别人比成绩，而是因为，我希望你将来会拥有选择的权利，选择有意义、有时间的工作，而不是被迫谋生。”

1

读书的意义，不仅在于获取知识，更是为了在将来拥有更多选择的权利，让人生存在更多可能。

有一天放学回家，女儿忽然问我为什么要读书。我想了想说：“拿一棵树为例，小树刚长了两年时，它只能用来做围栏，或者当柴烧；过了十年，这棵树就可以用来支撑房屋；而三十年的树木就能制作家具。”

即便不上学你或许也能养活自己，不同的只是选择的多少。比如，你 8 岁不读书去放羊，有可能一辈子都只能做一个放羊娃。如果你小学毕业能识字，可以选择当服务员、保安、清洁工等一些偏重于体力劳动的工作。如果你初中毕业，除了一些体力工作外，你还可以学理发、机械操作等技能型工作。如果你高中毕业，除了前面的选择，你还能选择做客服、销售等。如果

你大学毕业，可选择的就会更多。在就业市场上，你可以根据自己的学历和内心的热爱，去选择想要做的任何行业。当然，你也可以选择进一步考研、读博，成为科研型人才。

女儿点点头，表示明白了。我告诉女儿，其实老一辈人放牛、种田、做苦工就是因为读书少，没有更多的选择机会，除了劳累的工作，没有其他出路。所谓知识决定命运，自古如此。

这次谈话给女儿留下了深刻的印象。自此以后，她不再边玩边学，开始认识认真学习的重要性。

2

读书可以学习更多知识，让自己变得优秀。大多数人并非出生就才智过人，天赋异禀，都是通过后天读书来获取知识。孩子，知识会让你学识过人，比别人更优秀。

由于最近几年的就业难度大，“读书无用论”重出“江湖”。但优秀的学生依旧会被多家公司疯抢，完全不愁没有工作的机会。厉害的人才有选择的机会，普通的人连选择的机会都没有。对于读书不多的学生来说，他们唯一能做的就是不断降低求职标准，看着别人拿着高薪，自己则收入微薄。你读的书越多，能力就会越强，就可以胜任更多的好岗位，人生也有了更多可供选择的道路。

亲爱的孩子，读书不仅能让你找到问题的答案，而且还可以指出你前行的道路。当你认识到自己的不足时，你才会更加努力地去学习知识，如此良性循环。当知识积累到一定程度，你就会迸发出巨大的力量。

其实，未来的路就好像各式各样的面包，也分大小、有馅和无馅等等。积累的知识越多，吃到面包的机会就越多，得到的面包也会越大越美味。当只有一个面包的时候，你无法选择，只能吃这一个。哪怕你很讨厌它的味道，也没有办法。但如果有很多个面包的话，你就可以根据自己的喜好去做选择。

3

孩子，你每读一本书，都是在为你的人生铺路。如果你能做到品学兼优，文理兼备，就意味着你进入高中后，在文理分科时将有更多选择。你可以自由挑选自己喜欢的学科，而不足受成绩所迫。高考选专业亦是如此，成绩越高选择的机会就越多。

既然读书如此重要，你现在就应该静下心来，认真读书。你要调整好心态，记住一件事，你不是为成绩读书，而是为了将来有更多选择的权利。因此，你心里需要记得读书的初衷，既不要因为一次的低分就放弃自己，也不要因为名次的提高就骄傲自满。你应该不断提醒自己：我是否获得了更多的知识？

如果不读书，世界就如同灰尘一般微小；而选择读书，从字里行间就能看到世界的厚度。读书，可以给自己的人生多一些选择，拥有直面现实的勇气，敢于挑战一切，这样的生活才算得上随心所欲。

父母可以给你钱，但读书可以给你人生

美籍黎巴嫩诗人纪伯伦说："用心念书，是为了避免成为不中用的人。"谁都不愿自己的一生碌碌无为，谁都期盼自己能够成就一番事业。仅仅依靠父母的帮扶，显然达不到这一目标。

1

亲爱的孩子，你可以继承我们的财产，但是继承不了知识，更继承不了我们的人生。钱财虽然可以让你衣食无忧，从起步就比别人领先，但是若没有书籍的滋养，你迟早会落后别人一大截。读书才是可以改变人生的关键，这是金钱无法比拟的。

有次坐出租车，司机跟我说他以前对儿子要求极为严格，每次儿子考不好都要接受他的棍棒教育，但现在就不会那样了。原来他老家拆迁，获得一大笔补偿款。既然有钱了，儿子读不读书都一样。

很多意外获得财富的家庭，都选择不管孩子的学习。在孩子看来，家里有钱就不用再努力学习。既然家里的钱能花一辈子，又何苦读那些无聊枯燥的书呢？

但有一些富人恰恰相反，他们会更重视教育。近年来，出国留学的孩子逐年递增。可见，有条件的家庭还是很喜欢将孩子送到国外接受教育。而中国亿万富豪中，将近一半的富人都曾在欧美国家读过书。

这就是两种教育理念的碰撞，一种是只要有钱就不需要读书，一种则是有钱就更应该读书，而且要去国外接受更好的教育。

2

女儿曾问我："李嘉诚那么有钱，为什么还让他的儿子勤工俭学呢？"的确，李嘉诚作为亚洲富豪，家财万贯。而他的儿子李泽钜和李泽楷却做过杂工和服务生，在高尔夫球场当过球童，卖过汉堡。就连出国留学，也只有最基本的生活费和学费，要省钱只能在美国自己学习做饭。他们不仅勤工俭学，而且毕业之后也不能在自家公司上班，必须出去找工作。李嘉诚为什么要这么做呢？

我告诉女儿，因为李嘉诚想让他的孩子明白金钱不是最重要的，知识和能力才是关键。这种教育方法能够培养孩子独立处事的能力，让孩子学会自立自强，知道怎样为人处世，这比给他金银珠宝还要强百倍。

在如今科技为重的时代，知识更有价值。相较于有钱，值钱更有用，而拥有知识和能力才能让人生更有价值和意义。

美国著名进化生物学家利·范·瓦伦提出了"红皇后假说"——为了争抢资源，动物们必须进行自我优化才能击退敌人，打败对手。人的成长也是如此，纵使拥有巨额财产，依旧需要去追赶其他的竞争者。不然，等坐吃山空后，就会发现自己已经落后了别人很远。所以，就算是"富二代"也需要通过知识丰富自己的学识。

亲爱的孩子，钱财和人脉都需要用能力进行驱动才会产生效果。没有学识作为支撑，拥有再多的金钱和父母扶持，你也很难取得成功。我希望你不要去做“存钱罐”，而要去做“印钞机”。向父母要钱很容易，但自己赚钱很难。只有真正有能力的人才会做好自己的事业，为家庭和社会创造更多的价值。因此，读书是很重要的。虽然它在短期无法看到效果，但这是一个长期的投资。虽然无法通过读书直接获得收益，但它却能够改变人的命运，拓宽人的眼界和知识面。

3

钱财是有限的，但值钱的知识是永远存在的。想要富裕，首先要让自己值钱。人想要活得有价值，就要不断进行学习，用知识充实自己。孩子，相比于金钱，你更应该向父母学习他们的良好素质和优秀品质。不读书，你只是盲目生活，毫无奋斗的动力。读过书才能知道世界的美好与广阔，学会树立目标，不断前行。只有当你真正去读书之后，你才会意识到自己以前的想法多么幼稚可笑。

孩子，你现在的经验和阅历还不够丰富，读书会让你获得更多人生智慧。你可以多分析数学习题，培养你的逻辑思维能力；你可以多做一些物理、化学实验，加强你的动手能力；你可以多背古诗词，提高你的文化底蕴。除此之外，你多去看一些哲学书籍，它会帮助你形成正确的人生观和价值观。而名人传记会帮助你积累更多的人生经验，让你成长得更快。

人的一生很长，父母和老师会给出一个答案，社会又会提供另一个答案，可最终你要亲自在书中探索属于自己的答案。这才是读书的最高境界，不为金钱和名利，只为拥有自己向往的生活。

出身不好？努力读书让你的人生逆袭

作家余秋雨说：“阅读的最大理由是想摆脱平庸……早一天，就多一分人生的精彩；迟一天，就多一天平庸的困扰。”

1

没读过书的人，无法相信读书能够改变命运。诚然，读书并非万能，不一定能达成所有心愿。但是如果对自己的生活感到不满，或是对未来有更高的要求，就必须要通过读书来让人生逆袭。虽然读书要花费很长时间，但它却能以最低成本实现阶层跨越。

出生在贫穷家庭的孩子似乎更容易贫穷，这缘于贫穷对教育的影响。许多贫穷家庭的下一代，往往也不会有进步，这是因为他们从小就没有接受过良好的教育。他们的父母没有足够的金钱去支撑他们学习更多知识，所以他们出人头地的概率自然很低。甚至有些偏远山区的孩子一辈子也走不出大山，他们既不会说普通话，又没有学过技术，除了待在老家哪里也去不了。

因此，当家庭不够富裕，居住的环境也很偏僻时，就更需要通过读书来改变世世代代的命运。没钱能阻止学习，干活儿会磨破双手，但只要有恒心和毅力，找尽一切机会读书，就可以通过读书来摆脱贫穷的生活。

我小时候家里穷，于是大哥初中没毕业就辍学回家，但是他成绩很好，尤其对数学特别感兴趣。为了能继续学习，大哥经常跑去县里的图书馆借书，自学微积分和线性代数。他每天起得很早，边看店边学习。果然，功夫不负有心人，大哥很快就通过成人高考，当上了一名数学老师。

2

虽然改变命运的方法有很多，比如外出打拼努力挣钱，或依靠拆迁补偿款进行投资，但只有靠读书获取知识来改变人生才最有意义。读书就是一个自我成长的过程，在此过程中能够清晰地看到一个人能力水平的提高。

读书能够提高能力，从而获得更多财富；不读书就只能凭借基本知识，去做没有技术含量的工作，由此产生严重的两极分化：有的人月工资好几万，做着清闲的工作，而有的人每天疲惫不堪，工资却很低。原因很简单，前者做一个方案就可以给公司带来价值，所以工资高；而后者的工作随时能被替代，所以赚得就少。

读书使人眼界开阔。读过书的人可以从书中看到丰富多彩的世界，而没读过书的人，可能无法想象大洋彼岸有什么样的国家，也不能知道古人如何吟诗作对。他们的视野狭窄，思维被局限在一处，就只知道最简单的赚钱方式。而用读书打开视角后，他们就会发现更多的人生选择、更好的努力方向，从而勇敢前行，改变命运。

读书能够摆脱贫穷，塑造新的生活。其实不管是看新闻报道，还是听说身边真实的例子，我们都会发现很多来自偏远农村的孩子都是通过读书上学在大城市稳定下来，他们与其他人的区别就在于读书的时候更努力。

3

孩子，出身无法改变，你能做的就是努力读书。你需要对学习保持热情，热情可以激发潜能。当你对学习充满斗志，热情高昂，就会以积极的心态去主动学习。无论什么学习任务，你都会乐观对待，学习效率自然随之提高。把布置的作业当成打怪兽游戏，把每次考试当作是与好友交谈，这样你就不会再感到学习辛苦，学习无趣。

你应该学会勤奋。先天的不足可以通过后天的努力来弥补，失去双臂的王争不仅凭高分考上浙江大学，还成为中国第一位无臂博士。由此可见，只要肯下苦功，即便再艰难也能够创造人生奇迹。在 12 年的学习生涯里，每天积累一点点，总会形成新的突破。

知识的作用是极其强大的，如果说苦难的人生、迷茫的青春是一种命运，那么读书就是命运的转折点。不读书无法启迪智慧，不读书无法改变生活。任何人想要挑战命运，就必须要有与之战斗的能力。因此，一个想改变命运的人除了要有坚韧不拔的毅力外，还要勤奋刻苦地读书，最终用知识挑战命运，改变未来。

学到脑子里的知识，谁也拿不走

美国儿童文学作家莱曼·弗兰克·鲍姆说：“再怎么灵巧的小偷，也无法偷走一个人的知识，所以知识才是最牢靠的财富。”

1

女儿觉得学习很累，她经常问我，为什么大家都要学习？在周末跟孩子聊天时，我回答了这个问题。我问她知不知道“赌王”何鸿燊，她说知道，而且说他家里很有钱。我告诉她，虽然何鸿燊身家过亿，但他在教育孩子方面总是强调知识的重要作用。他经常对他的孩子说：“我能留给你们的东西都是可以被人抢走的，而知识是你们自己的。只有把知识变成财富，别人才永远抢不走。”他认为，最有价值的是知识，是良好的教育，而非金钱。

何鸿燊如此看重家庭教育，跟他的个人经历有关。他在少年时，家境富裕，每日无忧无虑；但在青年时，他家中突发变故，迅速败落，他连学都上不了。命运的重重打击让他意识到知识的重要性。虽然这时的他没有金钱，但他还有学识。正是凭借所学到的知识和良好的学习能力，他很快就东山再起。不过二十多岁，他就已获得泼天的富贵。

正是这段经历，让何鸿燊极为重视对子女的教育。他在注重成绩的同时，也注重培养孩子的学习能力，让孩子形成自律的优秀品质。因为他帮助自己的孩子树立正确的金钱观和知识观，所以他的子女并没有变成坐吃山空的“富二代”，而是通过读书成为行业精英。

女儿听完我说的话，若有所思地回自己房间去了。

2

一个人可能会被夺去健康和金钱，甚至一夜之间名誉扫地，但他头脑中的知识是谁也拿不走的。一个人所掌握的知识和技能就是他无形的资产。只要学到了知识，成为有文化、有教养的人，那就很难再变得野蛮、粗鲁和无知。

知识是一种特殊的财富，它不会被抢夺，可以被随身携带。孩子，听我给你讲一个故事：

很久以前，有一艘轮船出海远行，上面的旅客大部分都是富翁，只有一个是智者。富翁们随身携带着大量的金钱，经常互相攀比，但智者却说他才最“富有”。某一天，船被强盗袭击，富翁们的金钱被洗劫一空。没有了资金来源，轮船便无法航行，大家只能在一个陌生的地方上岸。上岸之后，这位智者因其拥有丰富的学识，很快就找到了不错的工作。而那些平时只会享受和“炫富”的富翁们，都陷入了食不果腹的境地。这时，他们才意识到，唯有知识才是最牢靠的财富。

知识只要学到脑子里，就谁都拿不走了。当然了，你可能会忘记一些英文单词，忘记一些背过的文章，忘记一些解过的习题，但即使如此你仍会比那些未曾认真学习的人更优越。随着时间的推移，知识还需要更新换代，而你之前学到的知识就成为以后所学知识的基础。

3

亲爱的孩子，在这里再告诉你一些记忆知识的方法。在进行记忆时，你需要先弄清知识的概念和意义。只有明确定义，你才会对知识有一个清晰的认识。另外，你还要时不时地重复所记忆的知识，加深理解。切记不要仅仅让知识停留在表面，而要进行实际运用。还有，你需要将学过的内容与将要记忆的知识联系起来，以加深印象。

以背文章为例，你需要先搞明白全篇内容的主题思想，了解文章的整体结构、各段落的大概意思以及段落之间的内在联系，还要弄清楚文章所要阐述的问题和结论。在把握文章的整体脉络之后，你便能更加轻松、准确地进行记忆了。

对于重点内容，你可以采用标注法，比如用彩色笔在书本上进行标记。这样做可以让你集中注意力，加深印象。需要注意的是，你要准确地定位关键词和句子，不要存在任何偏差，以免漏掉有用信息，浪费过多时间。

钱财终归是有限的，而知识却是无穷无尽的。没有金钱，梦想可能暂时不能实现，但是没有知识，前途必将混沌难行。亲爱的孩子，知识是你自己的，谁都拿不走，它会支撑你取得成功。

你的努力将决定你的视野

法国哲学家加缪说：“攀登顶峰，这种奋斗的本身就足以充实人的心。人们必须相信，垒山不止就是幸福。”

1

通过努力，一个人才知道自己究竟能到达什么样的高度；如果放弃努力，就只能在平庸的旋涡里挣扎，到最后碌碌无为地度过一生。

亲爱的孩子，人生如同登山，而学习就是登山的阶梯。你站在山脚下，就只能看到眼前几十米的景色。当你一步步走向山顶，每到一个新高度，向远方眺望所看到的将是更多、更美丽的景色。当你到达山顶，世界将尽收你的眼底。那时你就会发现，在山脚下看到的景色是多么微不足道。

周末，女儿和我一起看了一部名叫《垫底辣妹》的电影，它讲述了一个关于努力的故事：高中生工藤的学习成绩总是倒数第一，妈妈就把她送进坪田开办的补习班。坪田决定帮工藤在一年之内考上庆应大学。在坪田的帮助下，工藤从小学知识开始学起，疯狂补习。最后，工藤成功考上应庆大学，实现了“学渣逆袭”。

孩子，你的学业要经过小学、初中、高中、大学这四个不同的阶段。现在的你所看到和感受到的并不是世界的全部。在你尚未攀登的山峰上，有许多人在欣赏着更多、更美丽的景色。

2

学习最忌浅尝辄止。随便学一学，会一些公式就满足，这显然是不行的。当一个人通过不断学习达到新高度后，再回过头来看当初的那些知识，就会有更深刻的见解。比如，当你学习了立体几何，再见到一个图形时，你或许想到的是更深层次的数学问题。

国学大师王国维在《人间词话》中说："古今之成大事者、大学问者，必经过三种境界：'昨夜西风凋碧树。独上高楼，望尽天涯路。'此第一境界也。'衣带渐宽终不悔，为伊消得人憔悴。'此第二境界也。'众里寻他千百度，蓦然回首，那人却在灯火阑珊处。'第三境界也。"

学习也要经历类似的三个阶段，其过程可能有些曲折，甚至有些痛苦。很多新生一听说一年要进行多少次考试就开始头疼，然而这还只是第一个阶段。

到了第二个阶段，每天都有大量的知识需要掌握，一天落下就有可能每天都跟不上。在这个阶段，要承受身体与精神的双重痛苦。可是，既然选择了学习，就得有担当、有决心，苦点儿累点儿怕什么，重要的是能看到自己进步。

到了第三个阶段，其实你已经度过了最艰难的时候。那时的你应该对学习胸有成竹，复习起来也有条不紊，不会过于放松，也不会太过紧张。一般来说，考试前调整到这种状态，最后的成绩会比较好。

3

然而，很多孩子还未开始就已经放弃了。可是，亲爱的孩子，你不试一试又怎么知道结果呢？没有谁会笨到无法学习，也没有谁真正努力过却没得到好结果。但有一种情况是确定的，那就是不努力就永远不知道自己能达到怎样的高度，更不知道自己的人生可以有多精彩。

事实上，如今的学习已经不只限于课堂，它存在于生活的方方面面。每个人都无法逃避来自生活的困难和挫折，但妥善处理这些问题需要你有丰富的知识、经验以及开阔的视野，而这些都来自于你不断的学习和进步。只有切身行动，你才能不断开阔眼界，增长知识和经验，塑造一个全新的自我。

没有一个努力的人会在告别青春的年纪后悔，反而是那些从不努力的人，常常要悔恨自己浪费了青春年华。加倍努力不是为了去换取成功，也不是为了去超越别人，而是为了体验一种更充实的人生，欣赏一个更宽广的世界。一个人只有流尽全部汗水才有资格说：“我努力过，我不后悔，我见到了更大的世界！”

读书，让你发现全新的自己

苏联作家高尔基说：“要热爱读书，它会使你生活轻松；它会友爱地帮助你了解纷繁复杂的思想情感和事件；它会教导你尊重别人和你自己；它以热爱世界、热爱人类的情感来鼓舞智慧和心灵。”

1

我的表妹在美国留学，那里学费高昂，又是异国他乡，表妹一度怀疑父母让她出国留学的决定是否正确。后来，她才意识到这段经历的珍贵。

表妹不善与人交谈，但他们经常会上讨论课。在讨论课上，老师会提出一个问题，但不会告诉大家答案，为的是鼓励学生们勇于发表意见。为了应对这种状况，表妹通常会提前做好准备，以便在课上更好地发言。没想到一段时间之后，她就交到了许多志同道合的朋友。

后来，她还跟西班牙的朋友组建了读书小组，帮助大家了解中国文化。她渐渐感觉到自己的变化，发现自己可以很坚强、很独立地生活，也能够跟别人愉快地合作。当年那个有些内向、不敢大声说话的女孩不见了，取而代之的是一个充满自信并能够侃侃而谈的新青年。

一个人从小学开始读书，然后要经过初中、高中、大学，在不同的阶段会遇到不同的同桌、不同的老师，也许会成为班长，与各式各样的人相处，这些都会帮助他进行自我认知。自我认知是一个复杂的过程，在这一过程中，我们往往需要借助一些工具，其中书籍就是最重要的工具。亲爱的女儿，读书能让你发现一个全新的自己。

2

英国作家毛姆有一部小说叫《刀锋》，它讲述了这样一个故事：

第一次世界大战期间，美国青年飞行员拉里·达雷尔结识了一位来自爱尔兰的朋友，但后者因救拉里而中弹牺牲。拉里因此对人生感到迷惘，搞不懂世界上为什么有恶和不幸，于是开始寻找生命的意义。复员后的他只身一人来到法国巴黎，经常到图书馆看心理学、宇宙学、神秘学等各个领域的书，边读边思考。后来，他又去了印度，在那里接触了很多隐士，并跟着高僧研读《奥义书》。最终，他那些关于生与死的困惑迎刃而解。

有人说，读书就像是看见了浩瀚宇宙，无数的星星在书本里闪耀，所有的智慧都藏在里面。还有人说，读书是一个审视自己的过程，阅读一本书就像是在照镜子，能够照出自己的优点与缺陷；不读书的人只会骄傲自大，无法看清真实的自己。

歌德年轻时的理想是做一个画家，那时的他寻求各种方法，苦心专研绘画，却收效甚微。后来，他从书本中汲取知识，寻找答案，终于意识到自己更适合写作。只要他坐在书桌前拿起钢笔，他的灵感就会喷涌而出，结果他写出了许多伟大的诗篇。

很多上学少、读书少的孩子，不知道自己在哪方面有天赋，甚至不知道自己对什么感兴趣。他们往往无法去认识自己更多的一面，只能在一条路上走到“黑”。其实，他们本来可能有另一种选择，有不同的未来，可就因为读书少而耽误了。所以，亲爱的孩子，千万不要重蹈覆辙，既然有了学习的机会，就去积极地发现不同的自己。

3

坚持长时间上学读书，与不同的人接触，是一个人年轻时最重要的成长经历。一个人在青少年时期，往往对自己认识不全面，或许会因为自己头脑聪明而骄傲自大。不过，通过读书，他很快就会知道世界多么广阔，自己的学识又是如何浅薄。当然，他或许还会因为自己的愚笨而自卑，但在读书之后，他会发现笨鸟其实可以先飞，只要努力定有回报。

亲爱的孩子，虽然读书不会让你在十几岁时就认清自己，但至少会让你发现一个全新的自己。比如，不接触数学，你就不会发现自己的数学天赋；不学好语文，你就不会发现自己有成为作家的潜质；不接触化学和物理，你就不会发现自己对科学感兴趣……

在学校读的每一本书，都会为你提供一种新的人生方向。很多人的理想就是在这一阶段树立的。最开始每个人都不知道自己将来要做什么，但读了书就会发现自己对某一方面感兴趣或在某一方面有天赋。这样一来，人们就可以用最短的时间找到正确的道路。

一个人要想提高自身素质，要么和品质高洁的人交往，要么读有价值的书。读书，可以增强你的信心，可以陶冶你的情操，可以增加你的智慧，可以让你勇往直前；读书，还可以让生活变得更加有趣。孩子，如果你对未来有什么期望，或者你对现在的自己有什么看法，不如打开书本，或许你很快就会发现一个与众不同的自己。

读书的最高境界，是寻找人生的意义

英国作家史美尔斯说：“书籍把我们引入最美好的社会，使我们认识各个时代的伟大智者。”

1

女儿在看书时，突然抬头问我：“妈妈，你说人究竟为什么要活着？”我很奇怪，不明白女儿为什么会问这么深刻的问题。我不想草率回答，就询问道：“你为什么会这样问？”她说：“我有一个同学生病去世了。她一直很乐观开朗，笑起来也很好看，可是她为什么去世了？我有一天会不会也突然去世？”我沉默了一会儿，说道：“你不要担心，每个人都会去世，只要过好今天，就不会留有遗憾。”

女儿似乎并不明白我话中的含义，但还是点了点头。从这以后，为了培养女儿的世界观和人生观，我每个周末都带着她去图书馆，让她自己去书里面寻找人生的答案。女儿确实通过看书学到了很多的知识，她也建立了人生的目标——以后要做一个老师。

只有找到人生的意义才能活出自己。大多数学生的目标就是考大学，而对于考上大学之后的人生则完全没有思考过。为什么会没思考过呢？因为那是一件比较遥远的事吗？其实不是的，之所以没思考过、觉得遥远，是因为他们根本还没有找到自己的兴趣所在。

2

很久以前，有一个来中国支教的德国人，名叫卢安克，他曾到广西一个偏僻的小山村教课。在教学过程中，他发现一些孩子期末考试之后便不再来上课。原来那些孩子上学只是为了中考，一旦觉得考学无望，他们只能选择退学。卢安克知道校方和家长更看重成绩，但他还是努力说服孩子们回来上课。因为卢安克，这些孩子更热爱学习了，而且改掉了很多坏习惯。

卢安克对人生有过一段自述，他说："我是一名教育研究爱好者，我要走我自己的路，尽管这条道路很艰难，充满了偏见和不理解，但是有机会，我就要回到我农村学生的身边去。"可见，卢安克找到了他自己的人生意义。

对青少年来说，人生的意义确实有些深奥，但它无非就是让人觉得有兴趣、有意义的生活。要想以后过得有意思、有意义，现在就要学会好好学习，努力读书。

亲爱的孩子，现在的你正处于对世界充满好奇与热情，同时也是最容易迷茫的阶段。大人们都在羡慕你年华正好，可以有大把的时光加以利用，而你却独自喟叹，觉得学习毫无乐趣。学习究竟有什么意思呢？学习的目的正是帮你找到这个意义。

读书是为了拥有更美好的未来，现在努力读书就是对自己的未来负责。孩子，如果你想像雄鹰一样展翅高飞，那么就先要让自己的翅膀"硬"起来，读书正是你这个年纪最应该做的事情。

3

有人说，人生的意义无非就是考大学、工作、结婚、生子……因此，有一些孩子就认为，反正父母已经准备好车子和房子，等到结婚年龄再结婚生子就全有了。可是，如果人生的意义仅限于此，那未免也太过无趣。

人们常说，“70”后“80”后的人生意义就是赚钱养家、买房买车。他们为了改善和提高家庭生活质量，拼命地读书，考大学，以便找到一份不错的工作。而如今，有些孩子已经不需要为了房子、车子这些问题发愁，甚至碰巧家里又很有钱，他们又该去哪里寻找人生的意义呢？

经常看到一些关于“富二代”飙车的新闻，十几岁的孩子就骑着摩托车超速行驶，被交警拦下还认为可以找人“摆平”，甚至被开罚单拖车时还微笑合影。说实话，只有他们自己清楚内心是多么空虚，以至于渴求从炫富、寻求刺激的游戏中获得慰藉。

杨绛先生曾说：“年轻的时候以为不读书不足以了解人生，直到后来才发现如果不了解人生，是读不懂书的。”上学读书就是一个不断丰富自己的过程。一个人在学校里由浅入深地学习知识，而这些知识不断地累积，聚沙成塔，最终成为他安身立命的根本。在走出校门之后，他便能自信地参加工作，并通过学到的知识实现自己的梦想。

每个人都对未来有所期许，但仰望星空的同时别忘了脚踏实地。光有期许还不够，还要不断地学习，让自己越来越强大。所以，在书里去寻找吧，在人生中去实践吧，这才是不虚此行的一辈子。

第二章

对待读书的态度，决定了你学习的高度

美国西点军校有一句名言：“态度决定一切。”你对待读书的态度，是敷衍塞责还是尽心尽力，是安于现状还是努力进取，决定了你未来能到达的高度。不一样的态度，成就不一样的人生。

优秀的孩子不是逼出来的

教育孩子如同养花，要精心浇水、施肥、呵护，才能让花儿茁壮。可事实上，并不是所有人都能养好花，自己不懂就要多向懂的人请教。

1

为了让孩子有一个光明的未来，父母可谓是操碎了心，甚至不惜放弃事业，辞职在家，整天督促他们读书。

女儿有一次月考成绩不理想，很是焦虑。她每天都努力学习，可依旧无法提高学习效率。我也为她的成绩担忧，所以经常询问她："今天在学校学了什么？做了多少习题？在课上好好回答问题了吗？"女儿一听到这些话，总是一脸不耐烦。有一次，她终于被说烦了，跟我大吵了一架。她说："谁说一定要考大学啊！我已经很累了，你们能不能别烦我了！"

我这才醒悟过来，是我给女儿的压力太大了。我连忙跟女儿道歉，并跟她约定，以后不再过问她的学习，但是她必须要加倍努力。女儿这才松了一口气，满意地点了点头。

在电视剧《带着爸爸去留学》中有一个角色叫刘若瑜，她原本是一位有着光明前途的优秀脑外科医生。可是，因为觉得国外的教育更好，她抛弃一切，带着10岁的儿子去美国读书，成为一个在家负责孩子吃喝拉撒和学习的全职妈妈。

她对儿子说："从我到了国外的那一刻，这世上就没有刘若瑜了，只剩陈凯文的妈妈了。从那儿之后的每一天，我活的不再是我自己，而是你。"为了儿子陈凯文，她放弃了一切，但儿子不但不感激，反而觉得妈妈让他窒息，甚至毫不客气地怼她："我让你来了吗？我求你来了吗？"

不难想象，孩子在父母的监督下读书，很可能会变得越来越偏激。优秀的孩子不是逼出来的，父母一味地逼迫孩子读书，只会令孩子感到厌烦和排斥，甚至产生逆反心理，更加不愿意读书。

2

亲爱的孩子，为什么你会对学习感到厌烦和辛苦？因为你总感觉读书是为了遵从父母，是为了达到父母的期待，而完全不是为了自己。试问，如果总这样想，你又怎么能有读书的真正动力呢？

在父母的看管下读书，孩子会产生极大的压力。父母们都望子成龙，为此他们付出了大量的时间和精力。殊不知，这种期盼和付出最终转化为孩子们难以承载的负担。比如，有些学生一旦考不好就焦躁不安，害怕把成绩单拿回家，因为他们不愿看到父母那失望的眼神。

当然，父母的这种爱再难以承受，其出发点总是好的。所以，我们不能故意和他们对着干，比如放弃努力、故意学坏，以此报复他们用名次和分数来敦促我们。孩子，将来的美好生活离不开今天的努力，寒窗苦读才会赢得明天更多的选择。学习永远都是自己的事情，你要做到主动学习。只有专心读书学习，才能不断提高自身素质，增强自己的能力，跟上时代的发展。

3

孩子，如果你读书是为了不让父母失望，努力考出好成绩是为了让父母骄傲，那么就需要你做出心态上的调整，想办法减掉父母因为高期望带给你的高压力。

首先，你要做好自己的心理建设，忘记父母的嘱咐和要求，把自己该做的事情都做好，不要想着用成绩去讨好任何人。你需要减轻自己的心理压力——学习是为了满足自己的求知欲，其他人的期盼都不能作为动力。

其次，当考试成绩波动时，你要懂得安慰自己。学习是一个长期的过程，一两次考试决定不了你的命运，没有必要对此过分紧张。同时，要跟父母做好沟通，让父母对你保持宽容和理解，尽量不要总把学习和努力挂在嘴边。

最后，和父母开诚布公地谈一谈。他们也许会拿你的成绩到处攀比，不停地跟周围那些优秀的孩子比来比去。这会很伤你的自尊，令你绷紧神经，一刻都不能放松，唯恐成绩下降被责骂。面对这种情况，你最好对父母直截了当地说出自己的想法，让父母明白你的态度。

双方都说出自己的想法，压力就会在无形中化解，你也能够更轻松地去读书。当你不再受父母的“逼迫”，放松身心为自己而学，那么你每天都可以找到学习的快乐。

读书不为功利，它能让你变得更加饱满

苏联作家高尔基说：“我觉得，当书本给我讲到闻所未闻，见所未见的人物、感情、思想和态度时，似乎是每一本书都在我面前打开了一扇窗户，让我看到一个不可思议的新世界。”

1

为了能让孩子主动学习，父母们经常会设置一些基于分数的奖励：考到某个分数就有奖励，考不到就受惩罚。父母的本意是好的，可是在执行过程中容易让孩子产生功利心态——孩子会觉得自己熬夜读书、早起上学，只是为了那一份奖励。

在女儿年幼时，我总教导她要认真学习才会有好的未来。孩子虽然不明白是什么意思，但学习成绩一直都不错。等她上了初中，课业压力变大了，我开始给女儿一些奖励，比如给她买衣服、带她去旅游等等。但如果女儿的成绩没有达到要求，我不仅不会买礼物给她，还会责骂她。

后来，我发现女儿整日坐在书桌前，却好像什么都学不进去，结果接下来的一次考试她真的没考好。吃饭时，女儿问我：“妈妈，这次能不能算我达到标准了？”我冷着脸说：“咱们之前说好的，我只看分数，过线了就给你买，没过线就下次再说。你如果不过线我就给你买礼物，那还有什么意义呢？”女儿突然放下筷子，大声喊道：“不就是一件衣服吗？我不要了！我也不学了！”说完，她转身就跑回房间。我这才意识到我的教育方式出现了问题，这会让孩子变成为功利而读书的人。

2

孩子，功利并不能作为读书的初衷，十几岁的你如果形成了这种价值观，那书香就会变成铜臭。你坐在教室里听着老师的教导，应该有着求知的渴望，而不是满脑子功利的想法。

功利的心态对读书来说极为不利，会让学习变得枯燥，因为它会让你把全部精力都投入到得分效率更高的科目，这样学习机械而无趣。要知道，每一科目都有自己的魅力，如果不去深入了解，就不能体会到其中的乐趣。

亲爱的孩子，我发现课本中有些不太重要的知识点，只要老师说不考，你就不会看。实际上，知识不分重不重要，哪怕是一些有趣的拓展阅读，也可以增长你的见识。可是在功利的心态下，你可能只会选择那些必考的知识点，这样就使得本来单调的教材更加无趣。

带着功利心去学习是很难坚持下去的。尤其是特别现实的东西，一旦得到，你的热情很快就会消失殆尽。从一个人有功利心态的那一刻起，就已经注定了他在学习的道路上走不远。

索菲亚是一名初中老师，有一天她在收音机里听到一个人在说法语。她觉得自己从未听过这么美妙、好听的语言。于是，她不顾朋友的反对，放弃工作去法国游学。她孤身一人在法国生活了两年，后来又去希腊学习了古希腊文。转了一圈后，她回到美国，又重新找了一份工作。朋友们都笑话她，可是她毫不在意。因为她的学习不为功利，只为自己的喜好。

3

与功利无关的学习将变得美好，这种美好真实地存在于学习的每时每刻。让功利走开，你才能带着平和的心态捧起书本，踏上快乐的学习之路。不管任何时候，都应该做到为取悦自己的心灵而读书。你需要细致地阅读各种教科书，主动思考，积极分析解题步骤和解题思路。不要每天只想着成绩，要让学习变得轻松而有趣，要因为多学了一个知识点而开心，要因为多解决了一道难题而高兴。

孩子，当你为大脑中充斥着知识而感到喜悦时，读书才会变成愉悦心灵的事。学习知识一直都是内在的事情，只关乎自己，有的人渴望知识，也有的人渴望智慧，这就是读书的意义。读书从来都不是为他人、为成绩而读，而是为你自己而读。只有积极地找到读书的乐趣，你才能乐在其中。

美国诗人狄金森说："没有一艘船能像一本书，也没有一匹骏马，能像一页跳动的诗行那样，把人带向远方。"是的，读书就像是跳上了一列火车，这列火车不开往金矿，而是开往更广阔的世界。

读过一本好书，像交了一个益友

英国作家斯迈尔斯在《与书为友》中写道：“当我们身陷困境或处于危难，好书终不会幡然变脸。好书与我们亲善相处，年轻时从中汲取乐趣和教诲，到鬓发染霜，则带给我们以亲抚和安慰。”

1

我经常带女儿去图书馆，让她接触各种各样的书，丰富自己的阅历。她最喜欢的两本书是《中华上下五千年》和《时间简史》。前者讲述了中华源远流长的历史文化知识，让女儿对古代文化有了深入的了解；后者则教会了她如何用科学的眼光来看待世界。

我问女儿：“你为什么这么喜欢读书？”

女儿说：“妈妈，你知道读书意味着什么吗？”

我好奇地问：“什么？”

女儿回答：“我每发现一本感兴趣的书，就会特别开心，想赶快把它读完。尤其是看到很有哲理的书，我仿佛是在与作者对话，了解他的真实想法。读一本好书，就像交了一个极为优秀的朋友。”

2

书的价值永远由其内在品质决定，一本好书会带给人许多感悟和想法。亲爱的孩子，尽管你现在读书全凭兴趣，但很可能在将来的某一天，你读过的一个句子就成为你灵感的来源。如果你能够畅游在书海里，体会前人的智慧，汲取宝贵的经验，那么读书就变成了一件真正有意义的事。

英国作家毛姆说："没有人必须将阅读诗歌、小说或其他可以归入纯文学类的作品当作自己应尽的义务。他只能为求得乐趣而读这些作品。试问，谁能保证使某个人快乐的事物肯定也会使其他人快乐呢？"所以，但凡感兴趣的书都可以去阅读。人人都说名著好，但若不喜欢读名著，就没必要强迫自己去阅读。无论是传记，还是励志书，或是一本诗歌集，都能成为精神财富。

通过阅读不同类型的图书，可以塑造出更有价值的人生观与世界观。就如高尔基所说："人的知识越广，人的本身也越臻完善。"多元化的知识可以开阔思考的角度，提升对待事物的判断力。不读书，就不知道什么是"采菊东篱下悠然见南山"的意境；不读书，就不知道点线面排列组合的绝妙；不读书，就不知道莫奈的《日出·印象》为什么能打动人心……

多读书，更要读好书。读了一本好书，就像交了一个益友，既能带给人知识，又能让人保持良好心态。一本好书往往凝聚了创作者的思想精华。在读它时，你仿佛是在与作者面对面交流，可以轻易获得其深思熟虑的心得与体会。对读者而言，这简直幸运至极。

3

孩子，你现在正处于学习的关键阶段，重要的是先学好教材里的知识。

语文能提升你的文字表达与鉴赏能力，数学能提高你的逻辑思维能力，英语能为你打开了解外部世界的大门，物理能让你感受万物运行的规律……随着学习的不断深入，你对这个世界的理解也将不断加深。

从课本出发去阅读其他的图书，比如当年明月的《明朝那些事儿》能帮助你更好地了解历史；克里斯托弗·加尔法德的《极简宇宙史》能帮助你更好地了解物理学；徐光宪的《分子共和国》能帮助你发现化学的奥秘……

看书时，你首先要提出问题，明确看书的目的。接下来，你需要浏览目录，明白作者的整体思路。你还要边看书边思考，让大脑主动接收知识。另外，你需要区分重点，主要关注重点内容，对于已理解的部分则可以粗略翻阅。这样才会让精力更加集中，大脑变得活跃，接受更多知识。

阅读全文之后，你就会找到所有问题的答案。别忘记及时做好读书笔记，那样有助于你进行重复记忆，让你及时消化书中的知识。如果你有自己的心得体会，也可以写在笔记上，从而帮助大脑形成良好的认知，做出正确判断。孩子，当你将好书研究透彻之后，如果发现这本书能够给生活以指导，那就可以及时运用到生活中。

“我不抱怨读书辛苦，这是我去看世界的路”

高尔基说：“我读书越多，书籍就使我和世界越接近，生活对我也变得越加光明和有意义。”

1

上学读书通常要花上二十年，这仿佛是在进行一场漫长的马拉松，需要极大的耐心与毅力才能跑完全程。许多人由于一直看不到终点，觉得过于辛苦和疲惫，最后选择了放弃。然而，想要看到最美好的世界，这是必经之路，请不要抱怨路途漫长而艰辛。

表弟一直在国外读博，今年才回来探亲。在饭桌上，女儿听表弟讲述国外的风土人情，心里十分向往。于是她说：“等我长大以后，也要像你一样去看看外面的世界。”表弟鼓励她：“只要你好好学习，你一定可以的。”

女儿问：“难道就只有学习这一种方法吗？”表弟思考了一下，回答道：“对那些‘富二代’来说，通往世界的方法有很多，学习只是其中一个。但对我来说，读书可以说是唯一的道路。我的父母都是农民，他们连城市都没有去过。每次我妈妈说起县城就特别兴奋，说那里又大人又多，我就特别难过。

我亲眼见过父母的辛劳，发誓一定要靠自己改变父母未来的生活。”

女儿好奇地问了她最关心的问题：“舅舅，你那么努力不累吗？”表弟笑着说：“怎么可能不累呢？但是，如果你把学习当成一件趣事来做，刚开始你也许会觉得很累，可当不断实现自我超越，获得了更多的突破之后，你会感觉越来越快乐。跟辛苦种地，干体力活儿相比，你会发现，学习是最轻松的事情。记住不要辜负十几年读书的时光，它足够支撑你的梦想，让你的梦想变成现实，让你的人生充满无限可能！”

听完表弟的话，女儿好像明白了许多。

2

亲爱的孩子，读书并不容易，它需要花费你许多的精力和时间。但这是你必须要做的事情，你就应该在该努力的年纪不遗余力。如果你在最应奋斗的年纪选择了放弃，认为平凡可贵，那么将来你必将悔之晚矣。

请不要抱怨读书辛苦，那是一条去看世界的路。罗素说过，人生应该像条河，开头河身狭窄，夹在两岸之间，河水奔腾咆哮，流过巨石，飞下悬崖。后来，河面逐渐展宽，两岸离得越来越远，河水也流得较为平缓，最后流进大海，与海水浑然一体。说到底，这也是读书的真实写照。走过最狭窄的区域，那些经历的苦难、写过的习题、背诵的文章，都会帮助你汹涌奔腾，通往世界的海洋。

3

亲爱的孩子，你应该以平和的心态对待读书。每个人都需要正面情绪来引导自己，你的坚持不懈、积极进步都会影响你周围的人。若你想让成绩更加优秀，学习越来越好，就需要学会不抱怨。一旦想要发泄时，及时控制住自己，不断进行积极的心理暗示。

在这个世界上，有很多事情都不受控制。每个人出身不同，起点不同，你就是再嫉妒也无法改变。你唯一能做的就是改变自己，纵然读书辛苦，纵然学习很累，但只要不抱怨，坚持走下去，终会有成就自己的一天。

如果梦想太过遥远，就请不要心急。一步步往前走，保持初心不放弃，总有一天会到达目的地。也许你已经走了一万步，甚至更远，但每一步都是沉淀，每一步都是积累，纵使前路漫长，但也一定要坚持，要相信自己终究会迎来曙光。

一认真，你就赢了

最终你相信什么就能成为什么。因为世界上最可怕的两个词，一个叫执着，一个叫认真，认真的人改变自己，执着的人改变命运。

1

邻居家的小宇是学校的优秀学生，她的学习秘诀就是：做题一丝不苟，每一道题都要反反复复弄明白；听讲一丝不苟，听清老师讲的每一个字，不放过任何一个细节；考试一丝不苟，每一道题都尽量做得让自己满意。读书就是要有这样的态度和习惯。

与小宇不同，我的侄女经常因为审题不清或是着急答题出现错误，不是看错数字、符号，就是字迹潦草，把“1”写成“7”。在被父母批评时，她总顶嘴说是因为马虎才出错的，其实这道题很容易就能做对。试想一下，考试的时候，哪位批卷教师会因为学生不小心做错了题不给他扣分呢?

许多孩子在做作业或是考试时，总是抱着无所谓的心态，经常因为马虎而被扣掉一些本可以拿到的分数。其实，只要认真思考，仔细检查一下，就能发现问题，避免错误。

2

孩子，也许你认为，谁都有疏忽大意的时候，这没什么大不了的。实际上，这种不严谨的态度并非让你丢掉一些分数那么简单，它更体现了你不认真的学习态度。无论做任何事情，一旦马虎大意，都有可能酿成大祸。

有这样一个小故事：很久以前，美国想要将一艘太空飞船送往金星，结果飞船起飞不到 4 分钟就栽进了大西洋。后来经过排查发现，原来在输入资料时，有一个数据前面的负号被漏掉了。就这样，一个小小的负号影响了整个运算结果，使飞船计划彻底失败。

是否确有其事并不重要，重要的是，一处小小的错误确实有可能会导致严重的后果。上学的时候不严谨，无非是被扣掉一些分数，可如果以后参加工作了还马虎大意，就指不定会造成什么损失了。

读书就是为了让大脑越用越熟练，马虎大意只能说明你学习太不认真。粗心绝不是一时失误，一旦养成这种不良习惯，哪怕是在重要的考试中也会出现问题。因此，你需要学会克服粗心，用认真的态度对待学习。

3

如果你的计算准确率不高，平时做题就要重视运算基本功的训练，要用干净的草稿纸，演算时要保证字迹清晰、工整，这样才容易及时发现错误。

不仅如此，你在审题上要保持着严谨的态度，懂得抓住最关键的词语。你可以在每次审题的时候都用笔在关键字上做记号，比如数学题目中常有的“求积”“垂直”“相等”，都是不能忽视的重要“题眼”。如果你不注意，将“题眼”看错，那写下的答案自然不对。

亲爱的孩子，在上学阶段，你的主要任务就是学习，认真读书就是你的责任。再聪明的一个人，若是不认真、不勤奋，也永远都学不好。“书山有路勤为径，学海无涯苦作舟”，勤奋和认真是一切学习的基础。与其说让你能够学会主动学习，变得认真、勤奋，不如说是在培养你积极向上、有责任感的优秀品质，这也是你应该学习的关键内容。

认真读书就是将全部精力都投入进去，养成这种读书习惯会受益匪浅。有些人之所以读书效率不高，就是因为不认真，看着书却在想着其他事。因此，要么不读，要么就全神贯注，把书都看进去才能有收获。

脚踏实地就是学习的捷径

李大钊说：“凡事都要脚踏实地去做，不驰于空想，不骛于虚声，而唯以求真的态度做踏实的工作。以此态度求学，则真理可明；以此态度做事，则功业可就。”

1

女儿总是问我：“妈妈，学习那么累，有什么快捷的办法吗？”我告诉她：“脚踏实地就是唯一的捷径。如果李时珍没有花费几十年的时间去到处采集草药、整理资料，怎么会有《本草纲目》这样的医学著作？如果曹雪芹没有数次披阅和删减，又如何有经典名著《红楼梦》的问世？”

我有一个远房表妹，以优异的成绩考入了她的理想院校——南开大学。她很早就立志考入南开大学，但当时她的成绩还差一大截。于是，她为自己制订了一个学习计划，每天按照计划行事。她上课认真听讲，下课及时复习，年复一年，日复一日。就连寒暑假她都在学习。果然，皇天不负苦心人，她终于实现了自己的梦想。表妹能成功圆梦，靠的是她的坚持，靠的是她多年的脚踏实地。

古诗云：“书山有路勤为径，学海无涯苦作舟。”立志读书的人，会把勤奋和刻苦当作自己学习的首要条件。南宋诗人陆游的住所被称为“书巢”，因为里面放满了书籍。他正是因为刻苦读书，才成为万古流芳的诗人。

2

孔子那么有学问，还要把《易》反复研读，以至于把穿书的绳子都翻断了三次。女儿，你又有什么理由不勤奋刻苦呢？韩愈在《劝学解》中写道：“业精于勤，荒于嬉；行成于思，毁于随。”无论在什么环境下，都要脚踏实地地学习，只有这样才能够把知识学透彻，把学识提上去。

古人都知道脚踏实地的重要性，今人更应该清楚。亲爱的女儿，你要记住这些启示，发扬脚踏实地的精神，把学习中的每一项任务做到极致，让你有朝一日可以实现自己的梦想。

季羡林教授曾列过一个公式：天资 + 勤奋 + 机遇 = 成功。他说：“天资是由先天决定的，我们无能为力；机遇是不期而来的，我们也难以把握；只有勤奋这一项，完全是由我们自己决定的，我们只能在这一项上狠下功夫。”其实脚踏实地并没有多难，只要从现在开始，从小事做起，一点一滴地努力，终究会积沙成塔。

女儿，其实学习成绩好的孩子并非全是天才，他们往往靠的是脚踏实地的努力。只有平庸的人，才会因为不想为难自己而寻找捷径。在现今社会，有些人在大力宣扬选择论，而忽略努力的重要性。这让不少人以为，现如今有人再用心做一件事，只能说明这个人不够聪明。

这种想法会让人们把精力浪费在选择上面，而不去马上付诸行动。他们可能总想着从成功开始，以成功结束，将中间过程一笔带过，到处去寻找最便捷的方法，却没有意识到，成功本就是需要不断积累的。

选择固然重要，但正确的选择背后需要的不是运气，而是以往知识和经验的积淀，它离不开努力和坚持，与那些所谓的捷径并无关系。

3

女儿，学习就像登山，想要爬上高耸入云的大山，就只能咬紧牙关一步一步地攀登上去。在班级里总有一些投机取巧的人，他们仗着自己头脑聪明，平时不努力，考前突击复习，取得一点儿成绩就扬扬得意，以后就更加变本加厉。他们以为找到了捷径，却不知道其实早已误入歧途。学习需要一种执着的态度，只有那些踏踏实实的人才能走到终点。

脚踏实地地学习需要有正确的学习态度，你应该保证一定数量的学习时长。知识是一个不断重复，不断加深印象的过程。不同的人对事物的接受程度也会存在差别。所以，你无须与他人相比，只要与过去的自己进行对比就好。哪怕只提高了一分，那也代表你的努力有了回报。

改变态度，学习就会变成一种享受

陆小曼说："这个世界上没有不带伤的人，无论什么时候，你都要相信，真正治愈自己的，只有自己。不去抱怨，尽量担待；不怕孤单，努力沉淀。"

1

女儿总是觉得数学题特别难，每次做数学题时就开始抱怨，不想去做。我就说："你越畏惧、越讨厌数学，你就会越不想做，不如从现在开始喜欢它，慢慢发现它有趣的一面。"我还教了女儿一些学习方法和解题技巧。后来，随着女儿做题准确率的提高，她也越来越愿意学数学了。

学习也是一样，你需要用一种积极向上的情绪来引导自己。乐观积极的心态有助于成绩的提高，所以想要在学习上更加出色，变得越来越优秀，就必须要改变态度，减少不良情绪。

我小时候感觉学习英语十分困难，可我从不感觉枯燥。我利用一切可及的资源，比如从图书馆借一些英语报纸，那上面有许多英文科普文章，读起来很有趣。电视上的英语节目具有连贯性，我就把它们当成电视剧来看。有空的时候，我就听英文广播。我可以从早晨一直听到半夜，绝不会感到乏味。

2

哈佛大学流行一句话："态度决定一切。"改变态度，学习就会变成一种享受。亲爱的孩子，请你摆正自己的心态。学习并不只是一场无聊的戏剧，它也有它的可爱之处。你细心发现书本中的乐趣，就会喜欢上学习这件事。乐趣是最好的老师，有了乐趣你就会主动学习，发挥自己内在的潜力。

孩子，你只有发现了学习的乐趣，才有动力投入到学习中。当乐趣转化为长期持续的求知欲望时，你就能在学习上取得良好效果。哈佛大学研究发现，如果一个人对他所学习的科目感兴趣，那他的学习积极性就非常高，甚至能发挥他全部力量的70%~80%；反之，他的学习积极性就会很低，只能发挥他全部力量的20%~30%。

一般来说，发现学习的乐趣能够提高成绩，成绩提升又会增加学习兴趣，从而形成良性循环。所以，亲爱的孩子，你需要培养良好的学习兴趣，让自己走进这种良性循环。

3

与其嫌理科题太过难解，不如在解题中找一找乐趣；与其怨文科需要背太多的知识，不如让记忆变得有意思。古语说得好："路虽远，行则将至；事虽难，做则必成。"用享受的心态应对问题远比释放负面情绪要有意义得多。

孩子，当你讨厌某一学科的时候，你可以选择将该学科有意思的一部分挖掘出来，告诉自己这门课也不是那么枯燥无趣。

亲爱的孩子，如果你想发现学习的兴趣，就需要注重过程。如果你把注意力放在学习结果上，就会感到痛苦并由此开始拖延。但如果你把注意力放在过程上，你就会在短暂的时间内尽己所能去学习。这种沉浸的状态会让你效率更高，收获更多知识。以“刷题”为例，当你能够把所有题目都做出来时，那种快感是难以形容的。

“世界成功学之父”卡耐基有一个很重要的理念：“你的生活是由你的心态造成的，你有什么样的心态就有什么样的生活，你有什么样的选择就有什么样的结果。”在学习遇到问题时，应该做到以积极的心态应对，听取别人的建议，总结身边同学的经验，然后自己加以改进。你要试着发现学习的乐趣，找到自己感兴趣的地方，让学习成为一种享受。

第三章

会读书，绝对不是读死书

英国哲学家培根反对“死读书”和“读死书”。他认为，读书太慢会弛惰，为装潢而读书是欺人，只按照书本办事是呆子。人不是“读书”的机器，要善于提问，活学活用，把知识转换为价值。

别只是假装很努力

永远不要试图用战术上的勤奋掩饰战略上的懒惰。很多时候，不是你没有机会，不是你不行，而是你没有真的努力，没有真的拼。

1

朋友家的孩子小隆是班级里最勤奋的学生，课间别的同学都出去玩，他却坐在座位上埋头看书。回到家，他也很少看电视，通常吃过晚饭就开始看书。朋友一家都很骄傲，觉得这孩子很刻苦，还不用人监督。

可是小隆的学习成绩始终处于中等水平，甚至还有下降的趋势。朋友不明白这究竟是怎么回事，十分着急，还带着小隆去检测了智力。小隆的智力并没问题，比一般人还高一些。他的问题究竟出在哪里呢？

朋友急得一筹莫展，我安慰她，让她先观察孩子的学习方法。很快，朋友就有了发现：小隆捧着一本数学书，20 分钟一页也没翻，一连几天都是这样。朋友终于明白，原来小隆只是看上去很勤奋，其实根本学不进去。

我和女儿讨论这件事时，女儿说：“那还不是因为他想讨好父母，你们当爸妈的只喜欢爱学习的孩子。”

我问她："那你有没有为了讨好妈妈，而坐在书桌前假装学习过呢？"

她想了一会儿，说："有。"

我郑重其事地对她说："妈妈不需要你讨好。如果你心里想着玩，看不进去书的话，就不要浪费时间。学要学得认真，玩要玩得开心。"

女儿问："那我下次不想学的时候，能不能去玩？"说完，她惴惴不安地望着我，我则给了她一个肯定的眼神。

2

孩子，学习考验的不是演技。就算你骗过了父母，骗过了老师，自己最终也什么都得不到，那又有什么意义？

学习从来都是自己的事情，但是很多孩子为了敷衍老师和父母，假装在他们面前勤学苦读，然而考试成绩却止步不前。遇这样的情况，父母要注意观察孩子是不是走进了"伪勤奋"的误区。

后来我和女儿的班主任聊了这个话题，她说这样的孩子虽然看起来让人很省心，但也最让人头疼。因为他们从心底里不想学习，又装得煞有介事，让父母也说不出什么。这样的孩子一般分为三种类型：

第一种，上课专心听讲，你说什么他就记什么。他们的笔记完美无缺，每一条直线都仔细用格尺对照，不同内容也用颜色进行了区分，好看得就像一本手帐。可做完了笔记呢，他们就再也不去翻看。

第二种，课后做习题，及时进行复习，但只做自己擅长和熟悉的内容，不会的题目连看都不看。

第三种，每天早起晚睡地机械学习，所有的时间都在做功课，笔记抄了一轮又一轮，成绩却无丝毫进步。他们就像流水线上的工人，只动手不动脑。

倘若一个孩子成绩一般，周围人却都说他很努力。这实际上这并不是一种夸奖。“伪勤奋”正在毁掉越来越多的人，有时候它比不努力更加可怕。通常，很多人想看到的只是你的结果，而假装的努力再多也是徒劳。

假装努力的孩子没有目标和理想，但又不想被老师和父母责骂，于是他们只好通过伪装来欺骗全世界。他们虽然把大部分时间放在了学习上，但学习效率却低到难以想象。等到考砸的时候，他们会极力抱怨：“我把全部时间都用来学习了，怎么还是没有效果？！”

3

真正的努力应该是“从内心出发，用大脑思考”。学习要有主动性，因为只有经过自己认真钻研获取的知识才是属于自己的。不经过思考就获得的知识，很多时候就像是摆在商场里的商品，看起来很美观，但就是不属于自己。父母和老师的要求都只是外因，最关键的还是你内心的意愿。如果你自己不想学，那父母和老师再怎么努力也是没用的。

亲爱的孩子，学习不容掺假，你必须要将基础打牢，弄懂每一个知识点。你在学习上付出的每一份努力，都会在你的人生道路上留下痕迹。但前提是，你的努力选对了方向，是切切实实的努力。最优秀的学生从来都不是成天学习的人，而是那些能把时间合理安排的人。

聪明的人会花费时间思考，选择自己真正需要做的事，并投入全部精力做到极致。而所谓的“勤奋”者总是做完之后再去思考原因，他们不是不愿意行动，而是不爱思考。

孩子，你认真听课 10 分钟，效果要比你一整天昏昏沉沉地听讲要好。为什么学霸们玩的时间并不少，成绩反而很好，就是因为他们讲究学习的效率。比如，他们极其重视课堂上的 40 分钟，能够全神贯注地投入。通常，老师课堂上讲的内容都是经过精心准备的，是知识点的浓缩。你如果在课堂上不注意听，就要在课后花费大量时间来弥补。

假装很努力，再勤奋也毫无意义。做到合理安排和分配学习时间，将使你的学习效率大大提高。更重要的是，你不会因为不间断地学习而感觉疲惫不堪，始终能保持精力旺盛的学习状态。

不能关起门来读书

著名作家叶圣陶说：“读书忌死读，死读钻牛角。”书籍就像栗子，只有把外皮剥开才能发现其中的果实，才能真正吸取到知识。只读书而不思考，不去灵活运用，那就只能成为书呆子。

1

有一次，女儿跟我说：“妈妈，我们班上有个同学经常看书做题，特别认真。他真的很用心，可为什么他的成绩就是提不上去呢？”

我问道：“他是不是只知道闷头学习，从来不找老师和同学探讨问题？”

女儿回答：“是的，你是怎么知道的？”

我说：“因为他只关注书本和习题，被书本中的知识局限住了。他看到书上怎么写就怎么做，根本不会灵活变通。其实，跟别人交流一下就能获得更简便的解题方法和学习策略，而他就不那么做，只是循规蹈矩地采用复杂的解题思路，成绩自然无法取得进步。”

书本确实能教给你许多知识，但并不代表它就是绝对正确或最实用的。甚至有时候，书本上的方法对你来说可能并不适用。学习是学会怎样思考，每个人都有自己的认识，都能总结出自己的方法，正如一位名人说过：“适合自己的才是最好的。”

2

学霸们成绩优秀并不是因为看的书多。许多高考状元除了学习之外，都有丰富的课外活动，也都会培养自己的特长。他们大多极其注重全面发展，而且懂得平衡学习与爱好之间的关系。

像生物、化学这类需要较强思维能力的学科，光看书可不行，必须按照老师所教的实验步骤，亲自动手去做实验得出结果才行。这样得出的结果会让你印象深刻，因为这是你实际操作得到的答案，并不是书上所给的标准答案，它包含着自己的感悟。

获取知识的途径不限于书本，还有生活。如果你留心观察，就会发现生活处处是学问。一个人经历还不够时，主动去观察才能明白许多道理。

在练字时，女儿突然发现写字的钢笔出了故障，写不出字来了。于是她按照平时的习惯，用力甩了甩钢笔，结果把墨水全都甩校服上了。她把校服放进洗手池里，用力搓洗着，墨水痕迹逐渐消褪变淡，可还是有明显的红色印记没办法洗掉。

这时，我走近女儿，说：“你看我怎么把它洗干净。”我把校服放入温热的肥皂液中浸泡了一会儿，再进行搓洗，最后又用清水漂洗了几遍，校服最终焕然一新。我告诉她这样洗的道理，还让女儿第二天去问老师，看看老师会给她一个怎样的解释。

3

你需要有主动探寻答案的欲望，当产生疑问后，更要激发出自己探寻答案的热情。如果自己实在解决不了，可以请教老师和父母。

中国美学家朱光潜曾在谈学习时说：“比如说植物学，第一步要研究所搜集来的标本，第二步要分门别类，确定形态和发展上的特性，第三步就要解释这些特性的由来，指出它们的前因后果。第三步功夫做到了，你对于植物学才有一个完整的观念，对于植物的事实不但能认识，而且能了解。”

读书需要深入细致地做研究，可以由浅入深逐步学习，这样才能不断吸收知识。尽信书不如无书，如果你对书里的每一句话都深信不疑，那么一旦书本中的内容与现实生活发生矛盾时，就会产生很大问题。

书本知识是相对固定的，而实际情况却在不断发展。书本大多是一些抽象的理论，而现实生活中发生的都是真实的事件。太阳不断改变位置，江中的水流也时时不同，世间万物无时无刻不在发生变化。人们对事物的认识也不是一次完成的，而是一个不断接近真理的持续的过程。如果一味脱离实际闭门造车，只会使自己陷入被动状态。

明朝文学家陈继儒说：“人生有书可读，有暇得读，有资能读，又涵养之，如不识字人，是谓善读书者。”意思是说，人的一生有书可读，又有闲暇时间读书，又有资财读书，读了许多书又能使自己不被书中的文字所局限，保持了未读书人的单纯，就可以说是善于读书的人了。

学会提问才能学会思考

爱因斯坦说过：“假如只给我一个小时的时间拯救世界，我会先花 55 分钟去发现问题，然后再用余下的 5 分钟解决问题。”

1

女儿小的时候很喜欢问个“为什么”，比如“妈妈，天空为什么是蓝色的？”“小鸟为什么会飞啊？”“草为什么是绿色的？”“鹦鹉为什么会说话？”……我都给女儿一一耐心解答。那时候的她对万事万物都抱有极大的好奇心，总是愿意主动向我问问题。

女儿刚入学时，老师向我反映说她上课从不主动提问。老师觉得女儿这样继续发展下去可能会影响学习，希望我一起配合，让孩子学会主动提问。

听了老师的话，我十分吃惊。女儿小时候特别喜欢问“为什么”，还经常刨根问底。难道女孩子越大越不敢问问题了吗？这究竟是怎么回事？

2

我仔细回想，总算找到了问题的原因所在：原来，在以前我确实很有耐心回答女儿提出的问题，但随着工作压力越来越大，我也渐渐地越来越不耐烦。女儿，对不起，有好几次你在我身边不停地询问，我都是随便说几句敷衍你。甚至有时你问的次数多了，我还会责骂你。现在想想，你似乎自那以后，就越来越不爱提问题了。

万万没想到，我的举动竟对你造成了这样的伤害，让你从一个充满好奇心的孩子，变成了不敢开口提问的“问题”孩子。亲爱的孩子，以后我会以积极的态度、最大的耐心，解答你所提出的问题。你可以大胆提出你的问题，这不仅能让你的思维能力得到锻炼，还能促进你语言能力的发展。

我知道你的思维比较活跃，问的有些问题可能会相对幼稚。但是，我不会急着去纠正你的错误，你有表达自我的权利。当我了解你的想法之后，我会逐步引导你进入更深入的思考，帮助你发现更多知识。

3

亲爱的孩子，我知道你不爱提问是因为感到害怕和恐惧，怕问得不对会被老师批评，怕说错答案会被同学嘲笑。这其实就是因为你太在乎面子，自卑情绪太强。你为了不让自己丢脸，宁可把问题放在心底，闭口不言。针对你遇到的这种困难，我有一个好办法，你可以试一试。你在学校有喜欢的或者关系好的老师吗？你可以先试着向他请教问题，一点点锻炼你的胆量。等到时间长了，养成习惯之后，你再慢慢过渡到去问其他老师。

孩子，除了要敢于提问题，你还要提出有意义的问题。“巧妇难为无米之炊”，如果你认真观察生活中的一切事物，就能提出有价值的问题。相信我，对于你提出的问题，我不会再敷衍或训斥你。我会仔细思考，想出一个最好的答案回复你。我会对你说“你提的问题很有价值，我们一起来研究一下……”或者“你的想法很新颖，能说说你的观点吗……”。亲爱的女儿，我希望你能大胆开口，让我们一起探索世界的奥秘。

另外，你还要阅读大量相关领域的书籍。只有多看书，输入大量的文化精华，你才能更深入地思考，提出更多有意义的问题。你不要觉得有些书太过深奥，因看不懂而惧怕。其实，我和老师推荐的大部分图书，都适合你现阶段的水平。在阅读中有任何疑问，你都可以向父母或是老师寻求帮助。

瑞士著名心理学家皮亚杰说：“每告诉孩子一个答案，就剥夺一次他们学习的机会。”所以，亲爱的孩子，我希望你能提出问题，也希望你能多开动脑筋，自己去探寻答案。提问的过程是自我反思的过程，你内心思考的问题会给你指引方向。另外，有时候提问不仅是为了寻找答案，还可以引发思考，提升自我能力，促进自我成长。

在学习上做到眼勤、手勤、脑勤

韩愈有云：“业精于勤，荒于嬉。”“一勤天下无难事”，在学习上做到眼勤、手勤、脑勤，就可以成为有头脑、有学问的人。

1

我和女儿在看新闻时，经常能了解到一些优秀人士的生活习惯。他们最大的共同点就是勤奋。比如，早上准时起床做上班的准备，每天无论工作多少都努力完成，睡前还要针对自己的薄弱之处进行学习。就算有了假期，他们不会轻易放松，而是依旧保持勤奋的状态，因为他们体内的生物钟早已适应了那种生活。只要养成了勤奋的习惯，就不会觉得生活和工作有多苦，到点了直接去做就是了。

读书和学习的人，也要勤奋才行，具体来说，需要做到眼勤、手勤以及脑勤。“三勤”齐备，读书不累。任何时候只要懒惰，就做不到这三点，读书的效率相应就会降低。当然了，有些人把时间全部放在学习上面，可是根本都没走心，那自然也算不得勤奋。

所谓眼勤，就是要多看。我们经常会遇到一些人，发现一些新奇的事物。

对人和事物进行仔细观察，也是积累素材的过程。它们都可以成为写作的灵感和素材。在需要时，通过不断加工、提炼，就可以将它们变成作文的一部分，比如某个观点的论据。观察是基础，多观察就可以找到事物之间的异同，发现事物的本质，从而使写出的文章更有深度。

另外，眼勤还表现在多看书、多学习上。知识点光听不看，是记不牢固的。毋庸置疑，眼勤决定着一个人最终能学到多少东西，吸收多少东西。

2

女儿，你知道为什么邻居家的小井语文成绩那么好吗？我一问才知道，原来那孩子除了经常看书以外，家中还养了许多动物和植物。他没事的时候会仔细观察它们，观察植物的外观、动物的生活习性以及动作和神态，记录它们的成长过程。因此，在描写有关动植物的文章时，小井就能很容易地把它们写得十分生动形象。

亲爱的孩子，你在学习生活中要培养眼勤的好习惯，多观察身边的事物。多观察，多用眼，有助于提高你的记忆力和细心程度，这样才能记得牢固，记得清楚。

所谓手勤，就是要多写、多练。只有多写、多练，才能“孰能生巧”。据说美国恐怖小说大师斯蒂芬·金，每天都要坚持写下五千字。这是他写作所坚持的准则，他认为不停地写，不停地写，灵感才会出现。

孩子，做题也是一样的。对于一些比较困难的题目，要有针对性地进行训练。题做得多了，你也就熟练了，自然就会明白出题人的套路和逻辑。写作文也是如此。如果不善于写作，你可以尝试每天写一篇文章。在这个过程中，你会发现自己的不足，以及时进行改正；你也会看到自己的优势，以寻求适合自己的写作类型。事实上，多写、多练对每个学科的学习都有帮助。

03

所谓脑勤，就是要多思考。学习离不开思考，做题需要解题思路，听课需要明白逻辑。老师经常教导我们，写作文要先构思大纲和框架，也就是通过思考确定写作思路，并按照这个思路进行写作。如果盲目地写，毫无结构可言，就会越写越累，而且写出来的东西也往往驴唇不对马嘴。

那天我听你们老师说，你们班的小丽，每次上课都把笔记整理得工工整整，可成绩就是提不上去。为什么呢？原来，小丽在课堂做笔记时，光关注笔记的整洁，既没有认真听老师讲课，又没有进行思考。做题也是一样的，只想着完成作业，完全不思考题目涉及的知识点、解题思路等问题，那成绩肯定很难提高上去。

如果不动脑、不思考，学习就会失去方向，生活也会陷入迷茫。毫无疑问，养成思考的好习惯，是提高学习能力的关键。

孩子，一定要在学习上做到眼勤、手勤、脑勤，让勤奋成为一种习惯。时间是有限的，最重要的就是利用好每一寸光阴。用勤奋给未来铺路，及时阻止大脑中拖延、放松的想法，努力坚持下去就会看到曙光。

遇到难题，不要急于求助

美国教育家约翰·杜威说过："真正会思考的人，从自己的错误中吸取的知识比从自己成就中吸取的知识更多。"

1

很多孩子一遇到问题，就会向别人求助，完全不会自己思考。我女儿有时候也是这样，也不管我有没有时间。有时候，我正在忙着工作，或者正在准备做饭。她时不时就跑过来，一会儿一个问题，让我根本没办法静下心来好好做事。于是，我告诉她："你遇到问题时应该先学会自己思考，实在没有解题思路时再向别人求助。"

每个人都有不会做的题，哪怕是专家、学者，也不可能无所不知、无所不能。所以，有些难题如果真的超出了你的能力范围，你可以求助。但是，前提是你自己已经思考过了。如果你根本不思考，一有问题就求助，这不仅无益于提高你解决问题的能力，还会影响其他人的生活和工作。

遇到不会的问题，我们可以遵循以下两步骤：

第一步，先把不会的题目读上三遍，弄清题目都给了哪些信息，需要解决什么问题。如果还不搞不懂，那就再读三遍，直到搞明白题目到底在说什么为止。很多时候，女儿在读过几遍之后会恍然大悟："妈妈，我知道应该怎么做了！"

第二步，在明确题目的要求之后，再从题目要求的结果倒推，找到解题的思路。具体来说就是，想一想要求这个结果，需要哪些条件，看看这些条件是否已知；如果未知，想一想能不能根据已知条件求出。

2

亚里士多德曾说："人生最终的价值在于觉醒和思考的能力，而不只是在于生存。"人与动物有一个很大的区别，就是人具有很强的独立思考的能力。我们要学会遇到问题时勤于思考，寻求解决问题的好办法，而不是总跟着别人的思路走。孩子，学会思考，主动分析问题，能帮助你在长大后拥有更宽阔的视角、更强的逻辑思维能力，从而抓住更多机遇。

孩子，积极主动地思考，科学地思考，才能带来正确的行动。那些成功人士都很善于思考，他们喜欢发现问题并及时解决问题。世界上所有先进、有趣的想法都来自于思考，思考可以重建人生，重建人类社会。不过，敏锐的思维都需要经过一定练习才能形成。所以，从现在起，你就得行动起来，凡事主动去思考。

据说比尔·盖茨小时候就很喜欢一个人不停地思考。每次母亲叫他吃饭时，他都不为所动，整天待在卧室里不出来。母亲询问他在做什么，比尔·盖茨就会说："我正在思考！"有时他还反问道："难道你们从不思考吗？"

微软公司一直存在一种说法："与大多数人谈话就像从喷泉中饮水，而与盖茨谈话却像从救火的水龙头中饮水，让人根本应付不过来。他总会提出无穷无尽的问题。"

比尔·盖茨的成就，离不开他从小养成的勤于思考的习惯。勤于思考，主动思考，不仅有利于孩子的知识积累，更能促进孩子思维的形成。

3

孩子，遇到难题时不要急于从别人那里得到答案。在问别人之前，不妨先问问自己："题目的意思我真的理解了吗？""还有没有我没注意的地方？""能不能从其他角度去试试？"这样一步步去深入思考，让自己逐步发现做不出来这道题的原因在哪里。通过自己的思考找到问题所在，要比别人给你讲解数遍印象更为深刻。如果你下次再遇到类似的问题，你会立即想起之前的思考过程，也就不会再犯相同的错误了。

孩子，你千万不要局限自己的思维，解题思路并不是唯一的，你也可以想出新的方法。这种方法行不通，换一种也许会取得很好效果。

学而不思则罔，思而不学则殆。主动思考很重要，这是学习的关键所在。学会思考，遇到难题先自行寻找解题思路，对成绩提升有很大的帮助。

课后及时复习，事半功倍

俄国教育家乌申斯基说："一个不关心复习，不关心知识巩固的人，可以把他比作一个喝醉酒的车夫，拉着没有系牢的行李，只顾向前赶车，不回头看看，结果行李一件件掉下来。他赶着空车，却一味夸耀自己走了一段很长的路程。同学们试想，所拉的行李都丢没了，走过的路程还有意义吗？"

1

复习的重要性不用多说，它自古就是学习必不可少的一个环节。复习不但可以将学过的知识加深记忆，还能"推陈出新"，将知识进一步巩固和升华。复习不是一朝一夕的事情，是需要长期坚持并养成习惯的。

经常有妈妈向我吐槽，说她家孩子从来不复习，一回家就赶紧写作业，遇到不会的就翻书；写完就出去玩，根本不会再看书本一眼。

这种遇事就翻书的学习方式被称作"查字典式作业法"，看似很快就能解决问题，但实际上这样学习效果很差。由于没有进行系统的复习，所以，知识根本没有被大脑吸收。做作业时尚有书本可查，到了考试之际，又有什么可以参考呢？

2

亲爱的孩子，复习是吸收课堂知识、深刻理解所学内容的关键。你如果没有及时进行复习，就不容易记住所学过的知识。比如一些地理和历史知识，看得时候觉得很容易，可过不了两天就会忘记。等到全部遗忘后再去复习，就等于又重新学习了一遍，费时又费力。所以，孩子，一定要及时复习。

课堂上所学的内容，最好能做到当堂吸收。有些知识实在吸收不了，那就等到晚自习或写作业时，及时进行巩固，做到“今日事，今日毕”。在学完一个单元，或是期中、期末时，同样需要进行复习。这样多次重复的复习，看似比较烦琐，实际上很有效果，能够帮助你牢固地掌握所学的知识。

孩子，在复习中，除了要温习老师课上所讲内容，整理自己的课堂笔记之外，对于不清楚、有疑问的知识点，要及时向老师或同学请教。也许，你觉得复习过程枯燥无趣，但这是不可或缺的。知识是需要积累的，学好今天的内容，才能做好准备迎接明天的新知识。不然，所有知识积压在一起，你很可能就无从下手了。

3

亲爱的孩子，让我来教你一个复习功课的好方法——“放电影”。简单来说，就是试着用看电影的方式来复习，不过这种电脑是在脑袋里放映的。比如在晚上睡觉时，你可以闭上眼睛，回忆一下今天所学的各种知识，让它们像电影画面一样在你的脑海里过上一遍。对于想不起来和不太明白的地方，可以及时翻书查看。记住，你需要总结重难点，并在确保自己理解后，通过做作业来巩固。这种方法可以唤醒记忆，并且不受外在因素控制，可以随时随地进行复习。

记忆会随着时间的推移逐渐被遗忘。比如，你小学时不经常联系的同学，现在你很可能已经忘记了他的名字。但如果对方一直陪在你身边，你就会清楚他的一切。知识也是如此，你不经常去看、去复习，会很快把它们忘记。所以，及时复习是最有效的记忆手段。你刚刚学过的大部分知识，只需要花一点儿时间复习，就能加深印象。实践证明，课后 10 分钟的复习效果，胜过日后一个小时的复习效果。

另外，如果复习的内容过多，就很容易陷入“题海”之中。因此，亲爱的孩子，你还要学会总结，将学过的知识进行系统化的整理，让它们更加有条理，把课本从“厚”读到“薄”。这种方法能取得极好的学习效果。

总之，学会及时复习很重要。学习内容之间是有联系的，把先前的基础打好，有助于后续的学习。知识就像一张被联结在一起网，要想做到由点及面，触类旁通，就要养成及时复习的好习惯。

知识要活学活用，不要生搬硬套

苏联教育家苏霍姆林斯基说："一定要让知识活起来。我深信：儿童在学习中遇到困难的原因之一，就是知识在他们那里常常变成了不能活动的'货物'……不能加以运用。"

1

女儿，听我给你讲个笑话。

从前有一个秀才，他家里有个磨盘，但是没有进料孔。母亲叫他去请个石匠来钻个进料孔。秀才不愿意，说："我有办法，何必去请别人来呢？"他提了一桶水，在桶底锥个眼儿，然后把桶吊在房梁上，让漏下的水滴正好滴在磨盘上。

摆弄完之后，秀才得意地对母亲说："这个办法是古书上记载的，叫作'水滴石穿'。"很快，桶里的水滴完了，可磨盘上除了湿漉漉的，一点儿痕迹也没有。秀才生气地把书扔在地上，说："可恼可恨，古书骗我！"

秀才的这种做法，就是典型的生搬硬套。他是懂得很多知识，但没办法用出来，知识在他脑袋里只是死的。他对学过的知识不加思考，不考虑实际情况，直接拿来生搬硬套，能成功才怪呢！

女儿，你以前也做过这样的事，你还记得吗？还记得乌鸦喝水的故事吗？就是有一只乌鸦衔着小石子往瓶子里扔，使瓶中水位慢慢上升，最后喝到了水。你读完故事，突然想起奶奶家的水井水位很低，于是兴冲冲地去了。奶奶在旁边看着你把石头一个接一个地往井里扔，可是扔了好半天，也没见水位上升。其实，井里的水位和瓶子里的水位怎么可能是一样的呢。

2

虽然书本教给你许多道理，但是并不代表书本就是绝对正确的。有一些别人使用起来非常管用的方法，可能对你来说并不适用。情况不同，应对的方法也会有所差异。解决同样的问题，每个人都有自己的方法，但正如一位名人说："适合自己的才是最好的。"

亲爱的孩子，知识需要领会之后再去运用。你们学习的所有学科都是很容易在生活里活学活用的。如果你仔细去思考，就会发现原来生活中处处都离不开知识。

还记得我们一起看的印度电影《三傻大闹宝莱坞》吗？在电影一开始，兰彻背着行李来到学校，正好看到校霸欺负新生，让他们脱掉裤子，背过身，在屁股上按下一个印章。兰彻没有照做，而是回到屋里，扯下电线，缠在一把勺子上，然后把接通电源的勺子放在门下面。校霸对着兰彻宿舍的门撒尿，结果尿落在勺子上，瞬间被电流击倒。

为什么会这样？尿液中有钠离子存在，具有导电性。这其实是一个很简单的物理知识，不过运用起来就需要动一些脑筋了。还有，院长的女儿要生小孩时，由于大暴雨停电，手术无法继续进行。兰彻很快就想到用车里的电池发电，最终拯救了一个小生命。

当然了，电影终归是一个故事，一些危险的事情我们绝对不能做。我们要学习的是兰彻那种将知识活学活用的态度。

3

在《三傻大闹宝莱坞》里还有一句经典台词："死记硬背或许能让你顺利度过大学4年，但会毁掉你接下来的40年！"课堂上，兰彻用简单明了的语言阐述了机器的概念，却遭到了教授的批评。因为在教授看来，课本上对"机器"的定义才是正确答案。

标准答案并不是唯一答案，很多时候，你要多方位思考问题。知识的最终目的是实践，而非考试。因此，你更需要去发现知识的可用性，并非只把它当成书中的一个字、一段话而已。

正所谓"纸上得来终觉浅，绝知此事要躬行"，将知识活学活用才真正有助于生活。把学来的知识运用到实践中需要一番思考。孩子，这种思考是一件好事，它有助于你更加深入地理解知识。第一次将知识用在生活里可能会闹出笑话，但你必须走出这一步。只有多学多用，你才能把知识记忆得更牢固、运用得更好。

留心观察，生活处处是课堂

知识并不仅仅在书本和课堂上，生活中也存在许多学问。你只要留心观察，就会发现身边处处是“课堂”。保持好奇心，多关注生活中的事物，便会学到不少新知识。

1

接女儿放学回来的路上，女儿说：“我们今天学的平行线。”

我说：“哦，那你说说什么是平行线。”

女儿说：“就是两条永远都不能相交的直线。”

我说：“永远不能相交的两条线，那你看到过这样的线吗？”

女儿看看四周，摇摇头，说：“没有。”

走到小区的运动场地时，女儿忽然指着场地上上的双杠说：“妈妈你看，那就是两条平行线。”

于是，女儿开始四处观察：“妈妈，你看，门框、窗框、人行横道、公交站牌，这些线条原来都是平行的”。

回到家里，女儿写作业时，突然对我说：“妈妈，你看我的书桌上对着的两条桌边就是平行的。”

我笑着说：“是啊，长方形、正方形、平行四边形等相对的两条边都是平行的。生活中相互平行的线随处可见，你还能找到很多呢！”

写完作业之后，女儿就跑出去找，结果还真发现了不少。书架的边框、瓷砖的四边、电脑界面的对边、墙面上相对的两边都是平行的。

我说：“只要是正方形或者矩形的物体都含有平行的线。”

女儿点了点头，表示明白了。

2

亲爱的女儿，生活是一个获取知识的重要途径。处处留心皆学问，只有主动去观察身边的事物，才能积累各种知识。

你知道方便面是怎么发明的吗？日本有一个叫安藤的餐饮店主，他的小店生意火爆，每天都有人来店门口排长队，就为了吃一碗热面条。可是面条只能一碗一碗地做，顾客们再着急也没有用。安藤为顾客们着想，就开始研究是否能做出开水一冲就能吃的面条。经过努力，他最终发明了“方便面”。

留心观察生活，你才能发现生活中的点滴知识；留心观察自然景象，才能发现万物的自然规律。比如，为什么冬天时太阳落山很早，而夏天时太阳落山很晚？为什么下雪后会感觉更冷？……如果去留心观察，能够找到无数个问题。

3

亲爱的女儿，当你通过问题顺藤摸瓜，自己动手实践，你就会发现独有的乐趣。当然了，要在生活中学习，观察是第一要素。你只要认真观察，就能发现规律和现象，获得更多知识。

观察的方法很重要，不能仅仅用眼睛看，还要调动身体其他的感觉器官，多方位、多层次地观察，看到事物的细微之处，看清事物的变化，这样才能发现一些耐人寻味的科学现象。

每到春天，女儿就开始向我抱怨到处飞扬的“毛毛儿”，弄得鼻子很不舒服。其实，我也讨厌这些“白毛毛儿”。我正想附和女儿的抱怨时，突然想到了一些事情，于是问她：“你知道这些‘毛毛儿’是什么吗？”

女儿说：“不知道。”

于是，我和女儿一起去科普书里找答案。原来，这些“白毛毛儿”是杨树、柳树的种子。它们随风飘荡，如果落在适合的土壤上，就会生根发芽，长出小树。

女儿看完资料后，说：“这也太神奇了，原来它们是树的种子啊！涨知识了！”

最重要的是，孩子，你还要有主动探寻答案的动力，在脑海中产生疑问之后，就要激发出亲自探寻的热情。

有一个小男孩偶然发现邻居家的猫在吃草，觉得很奇怪：猫是肉食动物，怎么会吃草呢？他回家拿出一本百科全书寻找答案，可是根本找不到。于是，他一有时间就去观察那只猫。结果，他还真发现了问题。那只猫每次吃完草后，就会拉稀。难道是它肠胃不好，所以才吃草？正好他老家有个叔叔是兽医，他就打电话询问，并说了自己的想法。没想到，叔叔真的肯定了他的回答。小男孩十分高兴，因为他通过自己的努力获得了正确的答案。

自己主动求得的答案不仅印象非常深刻，还能激发你对生活的热情，让你更有动力去获取知识。

第四章

把兴趣当老师，你就不会厌学了

爱因斯坦说：“我认为对于一切情况，只有‘热爱’才是最好的老师。”不要对自己说“我对学习没兴趣”，兴趣并不会一开始就摆在那儿等你去发现，它是在你不断尝试、深入探索的过程中逐渐产生的。

读书的兴趣从品尝“读书之乐”开始

苏联教育家苏霍姆林斯基曾说：“一个孩子到十二三岁还没有自己的兴趣和爱好，做老师的要为他担忧，担心他长大以后对什么都漠不关心，成为一个平平庸庸的人。”要想对读书感兴趣，就要学会品尝“读书之乐”。

1

古今中外，凡有成绩者无不对自己所从事的事业有着浓厚的兴趣，正是这种兴趣让他们孜孜不倦地追求，并最终取得成功。

我的大学同学是一名物理学家，他用3年时间就读完了别人四五年的课程。我曾经问他：“你如此刻苦读书，不觉得很苦很累吗？”他回答道：“一点儿也不觉得累，并没有人要求我这么做。相反，我觉得很开心。因为对物理的兴趣，让我急于探索世界的奥秘。就像做物理实验，我可以几天几夜都待在实验室里，守在仪器旁。物理学是极为神奇的学科，我会被它那不可抗拒的力量所吸引。”

亲爱的女儿，你知道吗？有人会因为喜爱一本书而连夜四处奔走寻找，有人因为无法把书带走而亲手抄写在纸上，也有人会因为丢失一本喜爱的书而痛哭流涕。读书的乐趣，只有体验过的人才会懂得。

2

在读书中能品尝到乐趣，才会对书本感兴趣。正如孔子曾说过的话：“知之者不如好之者，好之者不如乐之者。”对学习知识产生浓厚的兴趣，就用不着家长督促、老师叮嘱了，自己就会捧起书本，如饥似渴地读起来。

女儿，即便是数学，当你一点一点接触它，发现数字的奥秘、图形的规律，你也会慢慢体会到它的乐趣。

我上学时历史成绩不太好，但我后来发现历史书中有许多小故事。于是，我没事的时候就翻看一些历史小故事，结果渐渐地对历史越来越感兴趣。到后来，我的历史成绩竟然提高了不少。

当兴趣与学习相结合时，无形之中便会有股推动的力量，使自己自然而然地迎向挑战。心理学实验证明，人若拥有良好的心态与强烈的求知热情，他的灵感便会一触即发，如泉眼般源源不断，那么结果自然会事半功倍。

亲爱的女儿，其实无论是读书还是生活，你都应该循着自己的兴趣，一步一个脚印地找寻自己的道路。每个人都有自己的路，这条路就是你的兴趣所在。

每当你沉醉于一本书时，你就会为书中的人物高兴或悲伤，为他们的命运柔肠百结。你会像一条快乐的鱼儿在书海中畅游，汲取书中的养料。通过读书，你可以了解贝多芬、莫扎特这些作曲家出色的作品，领略四大文明古国的文化精髓，惊叹杜甫、辛弃疾妙笔生花的诗篇……读到精彩处，你会拍案叫绝，为其中精辟的观点所折服。

3

一般来说，读书分为“有趣、兴趣、志趣”三个过程。亲爱的女儿，你可能会因为在物理课上看到某个神奇的小实验，一下子就对这门课产生了好奇，觉得很有趣，于是便更深入地学习下去。你对某个学科了解越深，就越对里面奇妙的知识感兴趣，最终也就确定了以这个学科作为未来人生的志趣所向。

乐趣就是学习的兴奋剂，有了乐趣就能坚持下去。如果你去采访一些考试的“状元”，他们都会说自己就是喜欢学习才每天学到很晚，第二天又精神饱满地上学。这就像有些人喜欢玩游戏一样，玩上一整天也不觉得累，还要继续玩。女儿，当你对学习产生了兴趣以后，也会萌生这样的心态。

亲爱的孩子，书不但能够满足你求知的欲望，还能填补你心灵世界的空虚。你会从中获取积极向上的勇气，变得不再冲动。每当你为拥有一点儿进步而骄傲时，书会让你警醒；每当你为人生道路感到迷茫时，书会给你启示。读书会让你少些浮躁，多些冷静，并能让你学会乐观地面对一切。

培养阅读兴趣，从喜欢的书目开始

培养阅读兴趣，应该从喜欢的书目入手。一开始就阅读太过深奥的书，容易让人厌烦，反而得不偿失。

1

侄女来我家玩，带来的书包里装了一大堆的书。她妈妈叫她坐在书桌前，认真阅读 40 分钟。我仔细观察了一下，发现侄女看了不到 10 分钟就开始东张西望。40 分钟过去了，她静下心来阅读的时间可能不足 15 分钟。我走过去一看才知道，原来这些书都是一些内容枯燥的读本，有些连我都看不下去。

为什么侄女不能认真地看书呢？我不说你也应该知道了。因为她对所看的书根本没有任何兴趣。我告诉嫂子，如果想让孩子多读书，而且喜欢上读书，就要带她去书店，让她选择自己想看的书，而不是买一些父母觉得有用的书，逼孩子读完一本又一本。当阅读对于孩子来说变成一件痛苦的事，那孩子自然而然地会讨厌读书。

亲爱的女儿，妈妈鼓励你选择看自己喜欢的书，哪怕是漫画。因为你热爱它，才能静下心来阅读，才会在读的过程中进行思考，有所收获。当你阅读自己喜爱的图书时，你会觉得阅读是一件美好和开心的事情。也许你慢慢就会对某一领域的书籍或者理论感兴趣，从而主动去寻找相关的书籍学习。

有一篇报道上说，92% 的孩子更愿意读完自己选的书。每个孩子都有自己的兴趣点，因此喜欢阅读的书籍也不尽相同。所以，别人选定好的书单并不一定就适合他们。以绘本为例，成人往往急于区分一本绘本是好书还是坏书，这其实是“过度用力”的表现。只有听听孩子为什么喜欢它或不喜欢它，你才会更了解孩子的内心。

2

有一次，女儿放学，一进家门就跑进自己房间，并把门关上了。我很好奇她在干什么，便悄悄过去推了推门。门打开了一条缝，我看到女儿正埋头看一本书，竟然没有察觉到我。

我咳嗽了一下，女儿一惊，赶紧用手护着书，满脸惊慌。

“你在看什么？”

“我，我……”女儿支支吾吾。

我走过去，发现是一本校园小说，惊讶道：“看个书，你怕什么？”

“我怕你不让我看。”

“不让你看？”

“是啊，我同桌借给我的，她妈妈就不让她看。她嘱咐我千万别被你发现了。”

“那你知道她妈妈为什么不让她看吗？”

“不知道。”

“一般校园小说都有什么早恋之类的内容，我估计是担心孩子受影响吧。”

“那你是不是也不允许我看？”

“我倒是不禁止，你看看也没什么，毕竟到了青春期，喜欢一个人也是正常心理。”

“哈哈，还是我妈妈开明！”

3

越禁止越想看，不如尊重孩子的阅读喜好。亲爱的女儿，我知道你有自己偏爱的书籍，市面上 80% 的书都有其可取之处。比如漫画书，其中也有许多具有艺术性的经典作品，像宫崎骏的治愈动漫、松本大洋的热血漫画。

不同的孩子对阅读也有不同的偏好，父母可以适当引导，但不要强求。如果孩子特别中意一本书，那么这本书一定存在值得阅读的地方。这种吸引力就是孩子喜爱图书的媒介。

记得女儿第一次去图书馆时兴奋极了，因为她从来没看到过这么多书。很快，她就熟悉了图书馆的环境，每次都会去自己喜欢的区域选书。短短一年时间，她就看了几十本书。除了一些她自己选的书以外，还包括我推荐给她的书。

唯有好书与远方不能辜负。亲爱的孩子，在阅读中，你可以展开翅膀，自由地在书海中徜徉，这也是一种人生旅行。有位绘本大师说过，念书给孩子听，就好像和孩子手牵手到故事国去旅行，共同分享充满温暖语言的快乐时光。我相信，兴趣、良好习惯外加父母的爱与智慧，会将你变成一个热爱阅读的孩子。

偏科是因为没有兴趣？错了

“木桶效应”，又称“短板理论”，它的核心内容是：一只木桶能盛多少水，并不取决于最长的那块木板，而是取决于最短的那块木板。

1

有个朋友向我抱怨，说他女儿小梦文科成绩很好，每次考试作文都是满分，唐诗宋词可以信手拈来，可是她的数学成绩却总是给总成绩拖后腿。为了提高数学成绩，朋友每天晚上都会帮她补习，但收效甚微。

小梦偷偷告诉我：“阿姨，有一次我听到同学们在背后议论，他们说数学学不好的人天生就笨。特别是女生，年纪越大成绩越差。如果想考上大学，根本不可能。我现在特别担心，如果我一直对数学不感兴趣，是不是就学不好数学了？”

我说：“你放心，只要找到偏科的原因，对症下药，就一定会有成效的。”

那么，偏科真的是因为没兴趣吗？

2

亲爱的孩子，我想告诉你，不要再拿没兴趣给自己找借口了。先不说兴趣是可以培养的，从根本上来说，偏科是因为学习基础没打好，一般从小学低年级就开始表现出来，只是不明显。随着学习的深入以及科目的增多，偏科的问题就会越来越明显。俗语有云：“基础不牢，地动山摇。”学习成绩除了依靠个人理解能力和刻苦程度以外，其实都是用基础知识搭建起来的。

所谓“万丈高楼平地起”，没有地基，何谈其他？知识是一张网，环环相扣，前面的不会，后面的也没办法继续学。越不会就越不想学，越不想学越不会，最终成为一个恶性循环。

值得注意的是，学生会因为喜欢一个老师而努力学习该老师教的东西，也会因为讨厌一个老师而拒绝听他讲课。比如，如果某一学科的老师对学生过于严厉，这个学生就有可能会对老师心生反感，将情绪发泄到所学学科上，进而厌恶这门学科。

这就是心理学上的“晕轮效应”，它是指月亮的周围有一圈模糊的光环，但那并不是月亮本身。同样，我们在对一个人进行判断时，也经常从局部出发，以偏概全。比如，你会因为长相喜欢上一个明星，进而觉得他这个人什么都好。同样，你可能会因为某件事改变对老师的态度，进而影响到学习。

每个人天赋不同，难免会引发偏科。为了尽量避免出现这样的现象，我们在学习一门学科时，一定要打好基础。

3

亲爱的孩子，想要扭转偏科的趋势，我给你以下一些建议：

有趣的课外读物或许会改变你对某些学科的认知。如果你看不进去课本上的内容，可以先阅读一些相关的课外书。比如，如果你对物理不感兴趣，就看看霍金写的科普读物《果壳中的宇宙》，或者阅读科幻小说，像刘慈欣的《流浪地球》以及阿西莫夫的《银河帝国》。这些科幻小说往往超乎人类的想象，能给你带来不一样的科学体验。

如果是因为对老师感到不满，就要转变自己对老师的态度。老师总是为学生着想的，他可能很严厉地批评过你，让你没有面子，但你到学校是为了学习的。所以，你要认清这一点，不要讨厌或者过分喜爱某个老师。因为个人情绪而讨厌甚至弃学一门学科是极其不理智的行为。

你要多和老师沟通，了解老师的想法，并跟老师说出自己的感受。交流之后，你就会明白其实老师并没那么讨厌，这样就能转变你对这门课的态度，从而认真进行学习。

孩子，相信通过一个心理上的转变过程，你能够让所有科目的成绩达到平衡。解决了偏科问题，成绩就能有一个很大的进步。不要让偏科成为你学习上的障碍，你要用积极的心态去面对它，努力做到全面发展。

纠正偏科需要足够的耐心，欲速则不达，应该做好长期规划。相信经过不懈的努力，弱势学科也会成为你的优势学科。

让学习像游戏一样有趣

教育专家尹建莉老师说："如果把学习做成一颗酒心巧克力，孩子如何能不喜欢？如果把学习做成一颗牛黄解毒丸，孩子又如何能喜欢？"

1

侄子一来我家，就迫不及待地坐在电脑前玩起《英雄联盟》，原来在家里他妈妈根本不让他随便玩。我问女儿："这游戏有这么好玩吗？"

女儿说："应该挺好玩的吧，但我觉得《王者荣耀》更好玩。那个游戏里面有很多好玩的英雄，还有排位赛，可以通过提升自己的段位成为别人眼里的大神。"

我说："那要是学习能像打游戏一样有趣，你们是不是也能像热爱游戏一样热爱学习呢？"

女儿说："那肯定，但学习怎么能和玩游戏比？"

侄子也忍不住回头说："要是学习能和玩游戏一样，我保证能当学霸！"

我说："那你们不相信学习能像游戏一样有趣吗？"

"不信。"二人异口同声地回答，同时给了我一个不屑的眼神。

如果大家都不信，那就听我给你们分析分析。

2

亲爱的孩子，既然你玩过游戏，就会知道大部分游戏的玩法是打怪升级。其实，游戏最令人痴迷和欲罢不能的地方，就是打怪升级的玩法。一般都是从易到难，打一个小怪只有几点的经验，但是升级所需要的点数越来越多。这就是玩游戏的动力所在。当你看着经验条不断被填满，就会有无限的热情。另外，每升一级可能会收到新的装备，这更加让人激动。

游戏的另一个吸引人的地方就是装备。在很多游戏里都会有一些稀有装备，可能整个服务器中只有少数人拥有。大家都想得到这些装备，便积极地去做相关的任务。比如，很多玩家为了在《魔兽世界》里获得重要武器，不惜花费大量的时间刷副本。这就是游戏独特的吸引力和驱动力。

游戏从来不是单打独斗，这也是它的特色。游戏需要有同伴合作或有对手竞争，共同努力或相互比赛。因此，亲爱的女儿，你也可以像打游戏一样和同学一起组建学习小组，打造良好的学习氛围。你们可以一起记单词、背课文，一起写卷子，交换后进行批改，评选出最高分。这是非常好的学习方式，不仅能让大家在快乐中学到知识，还可以增进彼此之间的感情。

3

亲爱的孩子，你也可以把每一次学习都看成是打怪升级。每做完一张卷子，就当成自己刷完了一张地图。这样也会给你带来许多成就感，像游戏通关一样，激励你一直前行。

你可以把平常做作业、写习题都当成打小怪升级，把上课看作是闯关。每天要完成的“主线任务”就是记住当天学过的知识，而背后的“大 BOSS”就是考试。在游戏中，积累一定的经验值后，就会有一个等级的提升，此时各方面都会有所增强。在学习中，你也可以进行自检自测，全面检查自己的能力水平是否提高。

你身边的学习圈子非常重要。如果你周围都是学霸，你自己的成绩也不会很差。就像在游戏里，总是和“菜鸟”组队，你自己的战斗力也会下降，而经常跟“大神”比赛，水平就会突飞猛进。

其实，在学习中也可以给自己寻找稀有装备。对很多学霸来说，越是看到难题就越想要亲自解出答案。适当在自己的学习道路上设置一些挑战，做一些高难度的试卷，会激发你的学习热情。

游戏里还会出现因小失误而满盘皆输的情况，所以人们玩游戏时会聚精会神，生怕游戏人物“挂掉”而重头再来。这种全身心的投入也值得用在学习中。你看，老师每一堂课都在讲新的知识点，你一旦错过，再想补回来就很费时间和精力。

有些游戏尽管已经毫无新意，但仍有玩家坚持玩。这是因为，他一旦放弃，之前投进游戏中的时间和金钱就打水漂了。这种情况在学习中叫“路径依赖”，如果一个人在某一个领域投入了大量时间和精力，那么他就会不舍得“放弃”这个学科。因为一旦“放弃”，他前面努力建立的学科优势就会白费。

孩子，这些都是你可以从游戏中学到的。游戏有吸引力是有道理的。你可以尝试把学习想象成一种有趣的游戏，看看能不能找到动力。

学习不在于形式，而在于内容和效果。无论是游戏还是学习，都需要带着极大的热情面对，才能始终有动力支撑。

给自己树立一个好榜样

好的榜样是最好的老师，也是给孩子的最好礼物。榜样的力量是无穷的，能够激励一个人勇往直前，不断向目标进发。

1

有一天，我问女儿：“你告诉妈妈，你的偶像是谁啊？”结果女儿说了一大堆我没听过的人名。

仔细询问之后，我才知道，原来这些都是当红的明星。

我问女儿：“你知道妈妈的偶像是谁吗？”

女儿抢着回答：“我知道，我知道！肯定是小虎队、四大天王之类的，那个年代就他们最出名。”

我笑着回答：“你说错了，我的偶像是袁隆平先生。他研究的杂交水稻技术帮助国家克服了粮食短缺的问题，保障了国家的粮食安全。他甚至把大部分的工资都捐给了慈善事业。你说他算不算一个好榜样？”

女儿说：“当然！‘杂家水稻之父’可比那些明星厉害多了！”

2

亲爱的孩子，我并不反对你追星，不反对你成为谁谁的粉丝。但前提是，这个偶像一定要是一个好的榜样，我可不希望你成为一个“脑残粉”。一个坏榜样会让你养成各种不良习气，甚至引你误入歧途；而一个好的榜样，才能真正激励你前行。

心理学史上有一个非常著名的实验，它解释了儿童是怎样习得攻击行为的。心理学家将48名儿童分成两大组，其中一组被要求不接触任何榜样。剩下24名儿童被分为两小组，一组接触攻击性榜样，一组接触非攻击性榜样。

接触攻击性榜样的孩子，果然很快就对房间里的玩具进行攻击；而没有接触攻击性榜样的孩子，就不会出现攻击动作，只是专心玩玩具。这就是榜样的力量，会明显影响一个人的行为。

孩子，你知道吗？5岁时因意外失去右臂的张家城（“独臂篮球少年”），偶然接触到篮球，便喜欢上了这项运动。他的偶像是易建联，因此他希望成为专业的篮球运动员。他无数次练习，进行运球、投球，即便是面对强劲的对手，他也依旧勇往直前。他说：“要么努力，要么放弃。”

在中国职业篮球联赛的某场比赛中，张家城来到比赛现场，他站在跳球点，将球用力往上抛，实现了为偶像发出跳球的愿望。

有人说，预测一个少年的未来，有一个非常简单的方法，就是看他喜欢的人是谁。榜样会帮你指引人生的方向，时刻激励着你努力进取，追逐梦想。

3

亲爱的孩子，在学习中，你也要给自己树立一个良好的榜样。

那么，谁是你的榜样呢？

我建议你多读点儿名人传记，也许你的榜样就在他们中间。

无论是白手起家的商界典范李嘉诚、精明的投资家巴菲特、“微软王国”的强者比尔·盖茨，还是传递温暖的动画导演宫崎骏、坚持不懈的“建筑巨匠”安藤忠雄、敢于抗争的“科学奇迹”霍金……他们都非常值得我们学习。

不要觉得这些名人距离我们很遥远，他们之所以取得非凡的成就，并不仅仅因为天赋秉异，而是因为他们身上具有某些特质。他们遇到过的成长问题，你在成长的过程中也会经历。把他们当成自己的导师，你也会像他们一样找到自己热爱的、擅长的，最终成为自己想成为的人。

榜样既可以是你佩服的名人，也可以是你身边的、在某方面表现优秀的朋友或同学。比如，每次都能考第一名的班级学霸。

亲爱的孩子，你的榜样应该是一个志向远大的人，他会影响你未来的格局。这个榜样需要有成功的经验，能够直面挑战与风险，而且能够变得更加优秀。这样在他的带动下，你同样会勇往直前，不惧困难。一般来说，榜样都具有自强不息的优秀品质。在遇到精神困境时，自强不息的心态会帮助你获取勇气，去克服每一个困难。

孩子，和一个优秀的榜样交流一个小时，比上几十个小时的补习班更有用。因此，当你确定好自己的榜样时，可以多查找他的资料或是与他直接交流。与睿智之人接触越多，你对这个世界的看法就会越成熟。

榜样的力量是无穷的。人是最善于模仿的生物，而榜样就是你的模仿对象。在想要偷懒时，你可以想想自己的榜样是如何坚持学习的，你马上就会有继续坚持的动力。当你成绩下降，甚至崩溃无助时，就看看自己的榜样是如何克服重重困难，你也就能再次捧起书本。榜样如同大海中的灯塔，道路上的标志，指引着你前行的方向。

让网络成为学习工具，而非“玩具”

著名作家周国平曾表示：“青年人要多读书，少上网。整天挂在网上，看八卦，聊天，玩游戏，精神营养极度不良，长成了一条虫。互联网是一个好工具，然而，要把它当工具使用，前提是你精神上足够强健。否则，只能是它把你当工具使用，诱使你消费。它赚了钱，你却被毁了。”

1

偶然在网上浏览到一个视频，内容讲述的是一个妈妈去公司上班时背着鼓鼓的包，打开一看，里面是一个黑色的路由器。有网友评论说：“为了不让孩子在家上网，这位妈妈真是拼尽了全力。”

放学的时候，我把这个事当笑话讲给女儿听，并故意赞叹说这真是一个“绝招”。没想到她却说：“没有路由器，也能上网啊。”

“是吗？”我很惊讶。

“对啊，可以设置的，我听帅帅说的。”

“他连这都会？”我心里暗想，真是低估了这帮小屁孩儿。

“看来妈妈是斗不过孩子了。”我叹道。

女儿问：“这个妈妈为什么不让孩子上网？”

我说：“还不是怕孩子沉迷网络，荒废学业。”

女儿没说话，过了一会儿才问：“那你怎么让我上网？你不怕我沉迷网络，荒废学业吗？”

我说：“怕。不过，我觉得最好的办法不是禁止上网。你知道‘因噎废食’吗？”

女儿说：“知道，就是因为怕噎着就不吃饭了。”

我说：“对了！我们不能因为害怕网络可能会带来的伤害，就不用它了。”

女儿说：“嗯，网络也有好处。”

我说：“没错，我们可以让网络成为学习的好帮手、好工具。”

2

网络其实是一把双刃剑，它有它很先进的地方，比如使用网络可以让我们快速获得更多的信息。很多父母把网络当成洪水猛兽，觉得要是放任孩子去玩，孩子必然会沉迷其中，耽误学习。可是，现代生活处处都离不开网络，完全避开既不现实也无必要。

问题从来不是出自网络，而是出自使用网络的人。比如一把刀，可以用来做菜，也可以用来伤害人。网络作为工具，发挥什么样的作用，全在于我们如何看待它，如何使用它。

网络的弊端不可否认，但网络的好处也数不胜数。

网络是世界上最大的“数据库”，在这里，你能查到所需的任何资料。打开网页，就如同与世界连通。在网上，既可以寻医问药，又可以收发邮件、获取知识。通过网络，人们可以开阔眼界，增长见识。它让人足不出户即可知天下事。另外，网络社交能够打破时空的限制，让人随时随地与朋友联系，进而获取帮助和建议。

我们的生活和工作都已经离不开网络。我们需要的是学会利用它为自己服务，而不是放任自己沉迷其中，更不是简单地远离它。

3

亲爱的孩子，你生活在互联网时代，这意味着网络已经成为生活常态。因此，你需要做的不是依赖网络，而是要把网络变成提高学习能力的工具。遗憾的是，很多自制力差的青少年，无法将网络与学习联系起来。他们往往只要一打开电脑，就想玩游戏。这就使网络这个“世界上最大的图书馆”，只能被迫成为一个游戏机或一个娱乐场所。

实际上，网络上有很多课程，而获取这些学习资源也很简单。与其花时间上网玩游戏、聊天，倒不如把网络变成随时可以请教的“老师”。现在的网上课堂十分流行，有些家庭甚至会在网上请外教教孩子学习英语。通过视频交流，可以实时在线纠正口语和发音。

利用网络来学习，是最明智的选择。一旦网络成为学习工具，它就会产生巨大的能量，帮助你提高成绩。网络是永存的，但是学习的青春是有限的。所以，在应该学习的年龄，你还是要把更多的精力放在学习上。记住，孩子，你要把网络当成工具，而不要成为网络的奴隶！

抱着好奇心去学习

著名物理学家霍金说过，记住要仰望星空，不要低头看脚下。无论生活如何艰难，请保持一颗好奇心。带着好奇心，你总会找到自己的路和属于自己的成功。

1

我每天都要辅导女儿做功课，但是女儿总在一个问题上反复出错。对此，我已经忍不可忍。就在快要“爆发”的那一刻，我脑中突然灵光一现。

我连忙对她说：“妈妈告诉你一个诀窍，就像孙悟空的七十二变一样。只要你学会了，保证你下次做题再也不会出错！”

女儿本来也在生闷气，一听这个，马上来劲儿了：“妈妈，究竟是什么诀窍？赶快告诉我！”

“要用心学，才能学会这个诀窍哦！”

“嗯嗯，我会认真学的，妈妈你快告诉我吧！”

我把几道类似的错题都找出来，指着它们说：“它们是不是看起来不一样？”

女儿点头说：“是。”

“其实，它们都是同一只小狗，只是穿了不同的衣服，有一只还去宠物店做了个发型。”

女儿忍不住笑了，问：“那你是怎么看出来的？”

“我有火眼金睛啊，要不要借给你用用？”我知道，她的好奇心已经被成功调动起来。

“好啊！”她迫不及待地说。

“来，我们一起卸掉它们的伪装。”

我们一起分析题目，分辨哪些可能是“伪装”，最后发现虽然题目信息不同，但解题的思路和方法完全一样。

“我懂你说的‘伪装’了。”女儿最后说。

“恭喜你也有火眼金睛了！”

“我再找几道题试试。”她有点儿兴奋地说。

当我们对某件事产生了好奇心，整个人就会进入一种心痒难耐的状态，急于寻找答案，就像看侦探小说时迫不及待想要知道推理过程和结局一样。孩子，这就是好奇心。

2

亲爱的孩子，你一定觉得奇怪：妈妈为什么总在强调好奇心呢？

因为我认为学习的关键在于好奇心，它能进一步激发求知欲。求知欲就是学习新知识和探索世界的欲望。这你肯定明白，在课堂上，你不喜欢的内容，哪怕老师再和你讲，你也听不进去。但如果是你感兴趣的内容，你就会主动思考，印象深刻。

教育家赞可夫曾经说过：“凡没有发自内心的求知欲和从兴趣而来的东西，凡没有经过紧张的脑力劳动和克服困难而达到真正理解的东西，是很容易从记忆中挥发的。”

好奇心也是创造力的来源。爱迪生正是因为有好奇心，才会刻苦钻研，成为大发明家。“想象力比知识更重要。”这是科学家爱因斯坦的著名论断。爱因斯坦在回忆童年时，多次说起“惊奇感”。他说：“思维世界的发展，在某种意义上说就是对‘惊奇’的不断摆脱。”他认为，学生最可贵的动力是想象力和好奇心。

亲爱的孩子，好奇心如同翅膀，拥有它就可以翱翔天空。

3

亲爱的孩子，既然好奇心这么重要，那如何才能一直拥有它呢？

首先，你要对未知的一切事物抱有好奇心。乔布斯对所有事物都极有兴趣，比如中国哲学、商业运转方式、消化系统的生物学原理……这种好奇心促进了他的事业发展。

一位大学讲师回忆乔布斯时说：“他有着强烈的求知欲……他拒绝全盘接收传递给他的信息，想要自己去一一验明。”因此，要拥有好奇心首先要做到保持虚心，不要冒失，对万事万物都有求知和探索之意。当然，那不能是一时冲动，而是要认真思考发生的原因，探索深层面的事实。

其次，你要学习像侦探那样通过细节去努力挖掘和寻找现象背后的真相，这是好奇心产生的价值。

福尔摩斯是每个孩子都喜欢的侦探，他总是能注意到那些常被人忽视的细节，诸如烟灰的特征、绳索的磨损程度等，而这些微不足道的细节往往是破案的关键。

值得注意的是，细节思维往往能提高你的观察力，让你从不一样的角度去发现一些有趣的事情，从而激发你对某些事物的好奇心。

孩子，你将面对无限的未知领域，希望你始终抱有期待，善于通过细节发现真相，让好奇心做你的领路人、同行者。

成就感是最强大的学习动力

黑格尔在他《美学》的序论中举了一个耐人寻味的例子：“一个小男孩把石头抛进河里，惊奇地看着水面上一圈圈的波纹。他觉得这是一个作品，在这个作品中，他看出自己行动的成果。”这里的“他看出自己行动的成果”就是一种“成就感”。

1

邻居家的华华被妈妈送去学弹钢琴。刚开始的时候，每到练习时间，华华都需要妈妈在一旁督促才会坐到钢琴前练习。

后来，学校举办了一次文艺汇演。在妈妈和老师的推荐下，华华在晚会上演奏了擅长的钢琴曲目。尽管有的地方弹得不够流畅，但他同样获得了掌声。不仅如此，在表演结束后，许多孩子都围过来，想和华华一起照相。华华顿时觉得自己好像是一个大明星。在回家的时候，华华就连忙问妈妈：“妈妈，下次表演在什么时间？”

妈妈说：“下个月就有一场演出活动，你可要好好表现哦！”

华华笑着答道：“你放心，妈妈。我会认真练习的。”从那以后，华华就开始主动完成老师所交代的练习任务。他心里想的是，在一个月后的活动上大放异彩。

华华对学钢琴的态度之所以会发生极大的转变，是因为他在文艺汇演上体会到了成就感。

2

成就感是一种积极的情绪体验，就是你觉得这件事值得做，并且做成了，内心由此感到喜悦和满足。它是一种对一个人能力的肯定，会直接影响到这个人的自我评价。它可以帮助孩子建立自信，让他逐渐认识到自己的能力，从而更加认真努力。

亲爱的孩子，当你通过自身努力取得进步时，父母和老师的赞扬以及同学们的夸奖，都会让你感到开心。由此，你会在学习中更有动力，更有积极性。研究表明，如果想让一个人在某个领域全身心地坚持下去，就要让他在做这件事时体验到成就感。

当得到他人的认同，收获积极的结果和反馈时，你就会对自己所做的事情感兴趣。因为你能感受到快乐，快乐会让你喜欢这件事，从而积极投入进去，最终取得进步，收获更多的成就感。找到属于自己的成就感，就会激发出更多的学习兴趣。成就感会让你觉得每天熬夜学习是值得的，拼命记下无数单词、公式是值得的。

3

亲爱的孩子，成就感与自我期望的关系很大。如果你本来学习基础就弱，但总觉得自己能考个好成绩，对自己期望很高，那么当你考得不太好时，挫败感就会极为强烈，甚至会导致你讨厌学习。

所以，想要有强烈的成就感，就要学会调低自我期望。不要把期望定得太高，可以多定一些小期望，比如每天多背十个单词，写一篇优秀的作文，做好一次物理实验，做好一次演讲等等。稍有难度但通过努力能做到的事情，最容易带来成就感。

亲爱的孩子，做一件事的结果固然很重要，但过程更应该得到重视。你在过程中所付出的努力，也是应该被我们看见的。太多父母由于过分重视结果，导致孩子压力过大，反而不利于培养孩子的成就感。孩子努力学习，哪怕成绩进步幅度小，也是值得鼓励的。

获得成就感的途径不限于学习成绩，我们需要多挖掘孩子的潜能。亲爱的孩子，你如果喜欢唱歌、写作、画画，就可以去参加这些活动。我们会给你自由的空间，让你追寻自己的成就感。

每天都能获得学习上的成就感，你就会发现学习并没有那么难，只要用心就会有成效。循着每天的成就感，清晰地看见自己的进步，实在是一件快乐的事。

第五章

无奋斗不青春，学在当下必须拼

青春是人一生中最炫目的时光，也是最需要磨炼自己的时候。白岩松说：“没有哪一代人的青春是容易的。”只有在青春里流过血，流过汗，拼搏过，努力过，才不会在成年以后抱有遗憾。

美国孩子都在“玩”？事实是比你还拼

凡事做对比，是人的天性。不过，对比应该建立在事实与全面之上，教育尤其如此，否则便是一叶障目了。

1

女儿跟我说：“妈妈，美国孩子好轻松啊，我真羡慕他们！”

我回应道：“怎么说？”

女儿凑到我身边，说：“妈妈，听说他们学的课程极为简单，也没有繁重的作业，甚至从小就是在电视前看动画片长大的。”

我说：“你又不是在美国长大的，怎么知道得这么清楚？估计都是美国人编出来骗你们这些傻孩子的。”

女儿不依不饶地说：“不可能，我听同学都这么说，美国就是这种教育方式。除了必修学科以外，还有好多自选科目，能够钓鱼、踢足球。他们的课余生活特别丰富，可以到处去参加聚会和比赛。就是这样宽松的学习氛围，才能够培养出这么多人才。”

我笑了笑，说道：“如果在该学习的时候选择享乐，什么都没学到，那以后怎么办呢？大家都被所谓的美国教育误导了，以为他们的学习很轻松，其实他们并不是外界所宣传的样子。”

女儿问：“那真实的美国教育究竟是什么样的呢？”

让我们一起来看一看。

2

美国教育在大多数人眼中，可以概括为“素质教育”。这种教育方式能激发孩子的创造力，给孩子充分的自由，培养出可以改变世界的精英。

但事实上，美国的教育也是分阶层的。社会底层的学校讲求“KIPP”，就是强调知识的重要性。这些孩子接受的教育是：老师无论教什么，都要向学生灌输规则。学校还采取奖励制度，表现好的学生会得到文具奖励，更有甚者会奖励现金。这些孩子上学就是为了找到一份挣钱的工作，这种教育方式实际上是在打造一个“社会工具”。

大家所羡慕的美式教育实际上属于中产阶级。他们的孩子早上吃完早餐，9 点到校，上完两节课就可以吃午饭，下午三点放学，去参加社会实践。

亲爱的孩子，在美国，精英阶层的孩子比你想象的还要努力，他们也逃不开应试教育。美国著名的资优学校“Anderson School”是只有顶尖高手才能进去的。在这所学校流传着一个数字——“4”，即“4 小时睡眠、4 杯咖啡、GPA4.0”。也就是说，如果要想实现 4 分满分，那你每天只能睡 4 个小时，犯困就喝 4 杯咖啡，这样才会有精神继续学习。

更残酷的是美国“藤校”的录取率。作为世界首屈一指的大学，它们严格控制本科学生的数量，总录取率不到 8%，不仅要求近乎满分的课业成绩，还需要学生掌握多种课外技能，由此可见顶尖名校有多难进。

我朋友的孩子小晓就在美国一所中学上学，她的时间表永远排得满满的。

在毕业的时候，除了原有课程之外，她还选修了 4 门课程。这个课业量相当于把大一要学习的内容在高中就学完。除此之外，小晓每天还要参加 1 小时的舞蹈训练，2 小时的哲学课助教以及一些策划活动，就连周末都要去参加比赛或进行选拔活动。

在这所中学，学生说得最多的一句话就是：“要是进不了哈佛这样的名校，我这辈子就完了。”

3

“教育从娃娃抓起”这件事儿，所有国家都在坚决贯彻，虽然教育方式都存在弊端，但是必须要承认，只有经过持续的努力和坚持，才能成为“别人家的孩子”。而这些孩子的共性在于：懂得自我规划，不断对自己提出新的要求。

在我们一心反对应试教育，倾向于美国的“素质教育”时，其实只不过是盲人摸象般看到美国教育的一个侧面。他们的教育也并不是那么完美，甚至比中国更激进。实际上，最好的教育不仅是为了跨越阶层，或是做社会的“高等螺丝钉”，而在于培养孩子独立自主的能力。

说到教育，无论是在中国还是在美国，想要出人头地，你都要付出异于常人的努力，因为自由和快乐都需要物质来支撑。只有付出全部精力学习，才能拥有选择人生的权利。

吐槽国内高考苦？国外高考才叫疯狂

一个人能否成才，关键不在于是否上大学，而在于他的实际本领。社会本身就是一所大学校，留心处处皆学问。只要你肯学习、能吃苦，即便没有读过大学，照样能成才。

1

女儿最近十分忧愁，因为她听说上高中会特别忙，每天都要学习到很晚。

“妈妈，国内的高考也太苦了吧，三年都要一直学习才能考上好的大学。”女儿对我说。

“不然呢？你以为你不付出就能什么都轻松得到吗？”我反问。

“哎呀，我就是觉得国内好像就只有高考这一条路，所有人都拼命往这边冲。”

“你以为国外就不这样吗？”

“国外不是不用高考吗？”

“你错了，咱们国家的教育还会给普通人留下希望的通道，而印度才是真正的高考地狱。听说有不少人因受不了升学压力而轻生呢。”

“这么严重，为什么啊？”

“印度没有统一的高考，而是由各个大学单独组织考试，有的学生甚至要参加 20 多场考试。严格的人才筛选机制催生了补课制度，考生每天要接受 14 到 16 小时的高强度课程，经历无数次遴选才能参加最终考试。”我解释道。

“这也太难了，还不如咱们的高考呢！”

2

高考的意义是什么？高考会提升你解决问题的能力，即面对成绩，你如何进行提高，实现快乐学习。

高考固然重要，但它并不是人生的全部，只是一次必经的试炼；无论成功与否，都是一次难得的经历。高考是唯一公平竞争的机会，所有人都站在同一起跑线上。

高考能够让你进入梦想的大学，实现自己的理想。请正确认识高考，它是对你过去十几年的学习所进行的总结，并不是给你的未来所下的定义。

事实上，学习都是痛苦的，你只看到别人的优秀，却没看见他们所付出的努力。国外高考也并不像大家所想象的那么轻松。

美国大学的录取机制有些过于主观，一个只有做题能力强的学生是无法轻易进入名校的。美国大学的申请需要丰富的课外实践，而穷人家的孩子根本不可能做到。这种机制的优点在于会综合考量孩子平时的成绩和表现，有利于培养全面的人才。

有些孩子为了逃避高考，选择出国留学。但实际上，很多孩子在国外读了好几年也没能进入大学，不仅费钱费时，还耽误了孩子的未来。

国外的升学是依据孩子中学时所修课程的成绩，如果学生的自身综合素质差，那么他所修课程的平均分就很可能达不到大学的标准。

国外的教育采取宽进严出的政策，同样需要付出努力才能完成学业。出国留学同样不能摆脱学习的压力，并不是一件轻松的事情。

国外自由教育的实质，就是精英阶层把控社会整体结构。在那里要想突破阶级限制，几乎是不可能的。而中国的高考制度，给予所有孩子平等的机会，让他们可以改变自己的命运。在这里，农村的孩子也能够跨越阶层的鸿沟，实现自己的梦想。

3

如今的时代，看似给了人们更多的选择机会，但对于绝大部分学生来说，改变命运的最佳方式还是高考。

高考制度的优点就是，你取得好的成绩就能够走出去见到更广阔的天地，拥有更多的选择。

然而，通过高考进入大学只是你跨出的第一步。孩子，你以后会面临更多的选择，若是想实现大家眼中的成功，就要正确评估自己是否有这个能力。当然了，接受过高等教育的人，尽管很多依旧过着普通人的生活，但在精神和物质方面却有了更高层次的追求。

亲爱的孩子，你在每次考试之前，可以将自己的能力进行综合评价，给自己设置一个合理的目标。记住，一定不要好高骛远，这样能帮助你增强信心，减轻你的心理压力。

影响高考成绩的因素很多，所以你应该理性看待高考。成绩优异固然好，成绩不理想也不要气馁。只要你自己努力了，就问心无愧。

人的一生很长，就算高考没有发挥好，依旧可以勇往直前。当年考专科的很多人如今都已成为某个领域的领军人物。所以，当你以理性的态度来看待高考时，就不会有那么大的压力。高考不过是人生道路上的一双跑鞋，穿上它你会走得更快，但不穿你也能到达终点。以平常心去对待高考，其实可以发挥得更好。

别怕，对自己狠一点儿才能有出息

苏联教育家苏霍姆林斯基说：“只有能够激发学生去进行自我教育的教育，才是真正的教育。”

1

一放暑假，女儿就开始成天出去玩，也不写作业。

有一天吃饭时，我问女儿：“你成天就知道玩，作业写了多少？”

“哎呀，吃饭的时候您怎么谈学习啊？让我好好吃东西行吗？”女儿抱怨道。

我笑眯眯地看着她，说：“看来你以后是不想出门了。”

“别啊，妈妈，我说还不行嘛。嗯……好像写完一半了。”

“那你复习上学期学的知识了吗？”

“没啊，好不容易有时间玩了，复习什么功课呀。多累呀，而且就快要开学了，一想到学习我就烦。”

我摇了摇头，说道：“知道自律的孩子，都在有意识地利用假期提高自己，实现弯道超车。哪像你，还因为没玩够抱怨开学……”

2

亲爱的孩子，相信你身边一定不缺这样的学霸：他们该学时学，该玩时玩。学霸之所以能够高效学习，是因为他们做到了专注，能够做到不轻易分心，实现规律科学地读书，这是自律的表现。

自律是指自我约束，即擅长管控和支配自身行为的调节能力。著名心理学家斯科特·派克在他的著作《少有人走的路》中写道："简单地说，所谓自律，就是以积极而主动的态度，去解决人生痛苦的重要原则，主要包括四个方面：推迟满足感、承担责任、尊重事实、保持平衡。"

《奇特的一生》一书讲述了柳比歇夫的故事，他一生做了大量的事，还把每件事的时间以及相关情况记录下来。他的伟大就在于坚持记录笔记。可见，高度的自律与时间管理息息相关。

机会总是留给有准备的人，而自律就是关键。清华学霸马冬晗之所以集多项荣誉于一身，就是靠着极强的自控力。她的作息表排得满满当当：早上6点起床，晚上1点入睡，所有学习和活动几乎精确到每个时间段。自律使她按时完成计划中的每一件事。

科学研究上有个著名的实验：研究者给一些孩子每人一颗糖果，在规定时间内坚持没吃糖的孩子能够再得一颗。那些能控制住自己的孩子，就拥有自制力。实验的后续调查显示，那些自律的孩子人生更为完美，而其他孩子就没有很强的抗压力。

3

研究表明，人的人脑神经反射可以进行训练，那么自律也能够习得。多在小事上进行自律性训练，慢慢地就会有成效。心理学家曾让实验者改变一些小习惯，比如每天看一页书，结果这些人在其他方面的自律水平也有所提高，这是因为负责自律的大脑神经得到了锻炼。

孩子，你可以从小习惯开始培养，逐渐养成自律的习惯。比如，睡前将自己的鞋子摆正，将衣服叠好放到衣柜里，慢慢你就会习惯收拾房间；平时回家先写作业，再做别的事情，之后你就能合理安排时间。

一个自律的孩子，会懂得如何去规划时间，设定好自己的目标和日程，合理安排每项事务。所以说，管理时间是形成自律习惯的关键。亲爱的孩子，刚开始，我会帮助你制订适合你的计划，在你做作业时适当地提醒你剩余的时间，让你学会在规定的时间内完成作业。自律的前提是他律，待你熟悉之后，你就可以自己动手制订计划。一旦完成计划，你就会有成就感，逐渐养成自律的习惯。

德国哲学家康德说："自由即自律，自律是最大的自由。"孩子，未来的路需要你一个人走，你想要拥有更多选择的机会，就需要学会自律。自律的人能够把一天过得更加充实，活出别人好几天的时间长度。

不努力奋斗，你要青春干什么

拿破仑说：“我们应当努力奋斗，有所作为。这样，我们就可以说，我们没有虚度年华，并有可能在时间的沙滩上留下我们的足迹。”

1

又是一年“高考季”，我跟女儿谈论起一些考高分的学霸。

“我听说辽宁有一个患庞贝病的考生，高考考了 662 分，真厉害啊！”

女儿不解，问：“妈妈，庞贝病是什么？”

我说：“庞贝病以四肢无力为主要临床表现，常有呼吸困难、心力衰竭等情况出现。可能会因肺部感染导致呼吸衰竭而死亡，最多可生存 20 年。全国有 15 亿人口，却只有 200 名庞贝病患者健在。”

女儿说：“这存活率好低呀，他真是太不容易了。”

我说：“是啊，听说他上半节课都坚持不住，全靠毅力支撑。就这样，他还给村里的孩子们补课呢。他说他考出好成绩，不过是付出了比别人更多的努力。”

女儿说：“这位考生可真有韧性，值得我去向他学习。”

2

在微博上看到这样一句话：“你必须拼尽全力，才能看起来毫不费力。”要想每次都取得好成绩，就要下苦功夫。只有真正掌握所学知识，才能考出好成绩。

亲爱的孩子，你每天都早起读书、“刷题”、写作业，把时间和青春花在学习上。你可能会感到困惑，不明白自己为什么要努力。

其实，努力是为了让你以后有更多的选择机会。在青春年少的时候，就应该选择拼搏奋斗。好成绩会让你选择学校，而不是被学校选择。工作也是如此，“重本”的毕业生很可能被疯抢，而“普本”“专科”的毕业生很可能无人问津，这就是现实。

努力奋斗会让你看见美好的未来。对大多数家庭来说，学习是唯一可以让孩子实现“鱼跃龙门”的途径。世界是公平的，它能看到每一个人的努力。但它也是不公平的，因为人生的起点不同，有人生活在贫困山区，有人出生就富可敌国。出身不太好的人，唯有通过努力奋斗才能改变命运。优异的成绩能让你走进名校，跨越阶层。

朋友家的瑶瑶，上初中时由于听不懂英语，就买了两本英汉词典，一本随身携带，另一本放在书桌里。她每天都要背单词，到最后，别人随意拎出一个单词，她都能说出这个词的各种形态。在高考时，瑶瑶成功被哈佛大学录取。朋友说：“我女儿小时候就会为了读书废寝忘食。”

在这个世界上，你付出的那些努力永远不会欺骗你。

3

青春不是用来挥霍，而是用来积累的。孩子，在这个阶段，你需要做的就是努力学习，为未来打好基础。

因此，你必须要学会坚持和奋斗，不经过艰苦的读书过程，很难取得好成绩。这是你的责任。如果一个人从小就不奋斗，没有理想，那他长大后也不会成为一个勇于拼搏的人。

你需要做到课前预习书本，课堂认真听讲，回家后及时完成作业。另外，更重要的是，要记得复习学过的知识。如果觉得自己有不太理解的地方，你应该及时查缺补漏，要么询问老师和同学，要么采用题海战术，用习题进行有针对性的训练。刻苦奋斗是很关键的，一个人只有下功夫才能进步，才能取得好成绩。

在应试教育下，高考是最公正的选拔性考试。而你能做的，就是去适应它。努力奋斗，坚持刻苦学习，才会看到希望。

在面对学习时，需要有一种“视死如归”的态度，把它当成只许成功不许失败的一件事。尽力而为就代表着要为自己留后路，必然会有所放松，而全力以赴才是全部地投入进去，把学习当作首要的事情来做。

相比生活的苦，读书的苦根本不算什么

孟子曰：“故天将降大任于斯人也，必先苦其心志，劳其筋骨，饿其体肤，空乏其身，行拂乱其所为，所以动心忍性，曾益其所不能。”

1

“妈妈，你听说了吗？有个外卖小哥，今年高考考了623分，太厉害了！”女儿惊叹道。

“嗯，他得知高考成绩第二天还送外卖呢。”

“这也太励志了。”

“这是他第二次高考，他曾经考入中国农业大学，但是由于不适应选择了退学。退学后，他换了很多份工作，但感悟最多的就是做外卖员。他工作后意识到知识和学历的重要性。为了提升自己的价值，给自己更多选择的机会，他重返校园，再一次参加了高考。”

“他可真有勇气！”

“是呀，过了8年重新高考，不是谁都有这份勇气的。你知道他为什么会选择继续读书吗？”

“为什么？”

“因为他经历了生活的磨难，跟它相比，读书的苦几乎不值一提。”

2

还记得那些抨击高考，嘲笑教育体制的学生吗？他们如今都为自己的行为付出了代价。他们经历了现实的残忍，独自抗下生活的痛苦。韩寒曾经说过：“脱离学校的人们请记住，你们认为脱离的是地狱，其实你们脱离的是天堂。”在高考交白卷、控诉教育体制的那些人，自以为能够独立闯荡社会，却因为学历不高，只能四处打工，做着体力活儿。白岩松说：“考试不是唯一的路，却是最公平、最直接的那条路。”读书都坚持不了，又何谈理想？

生活的苦难会被劳累所麻痹，于是那些人得过且过，逐渐钝化。而学习的痛苦在于，你要一直保持清醒和冷静，对外界拥有充分认知，持续锐化。孩子你要明白，读书苦一时，不读书则会苦一辈子。所以，一定不要在该奋斗的年纪选择安逸。比起生活的漫长苦难，那些读书的时光，不过是轻松的一瞬。生活中的苦会无限重复，而学习的苦则不会。

孩子，你还记得《变形记》吗？在这个节目中你会发现，那些来自城市、家境富裕的孩子，在来到大山深处，面对贫穷的家庭时，精神的贫瘠会让他们屈服于现实。而那些农村的孩子，他们把在城市学习的机会当成珍贵的礼物。因为他们清楚，这可能是他们这辈子唯一一次改变命运的机会。那些家境好的孩子在经历过贫穷之后，便不会再觉得读书辛苦。现实让他们明白，不读书的生活会更苦。

3

孩子，你也许不想读书，觉得读书辛苦。但是对于贫困家庭的孩子来说，现实的生活会诚实地告诉他们，不读书的人生会更苦。真正苦到一定程度时，人就会想办法来改变现状。对于经历过苦难的人来说，学习才是脱离困境的唯一途径。

学得越多，你就拥有更多的价值，同时拥有更多的机会。你可以选择更有意义的工作，不用为生计而四处奔波。也许你不能记起书本中的字句，但你学会了思考和表达。你不记得试卷上的习题，但你知道如何进行分析。更进一步来说，努力读书会让你进入好大学，结识更多的伙伴。最终，你也会变成更加优秀的人。

亲爱的孩子，当你觉得数学困难时，你就要知道一件事：数学可以提高一个人的思维能力，帮助你把自己的学习和工作安排得井井有条，以便于以后处理相关事务。而英语是普及最广的外语，也是与外界沟通的最佳工具。当你为无数要背的单词感到发愁时，你要清楚，没有良好的英语功底，很可能让你丧失许多极好的工作机会。

英国女作家佩内洛普·菲兹杰拉德说过："你学过的每样东西，都会在你一生中的某个时刻派上用场。"你每多学一种知识，每多读一本书，都会增加你的优势，为你以后的生活和工作铺路。

你不知道早餐店的老板每天要几点起床去准备食材；你不知道那些环卫工人即便是下着暴雨也要坚持干活；你不知道高危作业的人员烈日炎炎下在几十米的高空辛勤劳动；你不知道骑摩托的外卖员加速前进只为能够把外卖准时送达……

孩子，你不用经历这些生活的磨难，也不用为了生计去四处奔波。你可以在班级里认真倾听老师讲解的课程，收获更多的知识；你可以和朋友开心地玩闹，交流彼此的心事；你可以随心所欲地生活，不用考虑钱财和其他。你有很多时间去学习，经历过读书的苦，未来便会有无数的甜。

第六章

不怕输在起跑线上，就怕输在时间管理上

英国有这样一句谚语："时间是最伟大的作者，它能写出未来的结局。"要有意识地安排自己的读书时间，学就高效专注，玩就淋漓尽致。管理好时间，就是管理好自己的人生。

你需要一个科学合理的学习计划

古语有云："凡事预则立，不预则废。"这就是说，做什么事都要有个计划，这样才会取得好的效果，学习也是如此。为了避免无目的的学习，就需要制订一个适合自己的学习计划。

1

女儿平时学习没什么计划，想起来什么就做什么。她有时学习到半夜，有时一整天无事可做，虚度时光。这导致她的学习成绩很不稳定，忽上忽下。

于是，我就帮助女儿制订了学习计划，安排好各个时间段的学习任务，处理好放松和学习之间的关系，并将她不规律的作息生活纠正过来。

刚开始实行学习计划时，女儿很不适应。她对我说："妈妈，按计划学习好麻烦啊！我每天都不能随心所欲地玩，还要及时进行记录。"

我说："习惯了就好了，学习本来就是需要有规划的，计划好了才不会一塌糊涂。要不然，你就会经常无所事事，不知道自己什么时候该干什么。"

女儿虽心中不情愿，但还是继续坚持了下去。

很快，学习计划就取得了成效。在最近的一次期中考试，女儿的成绩进步了很多。她一放学回家就拿着成绩单跑到我面前说："妈妈，原来这个学习计划真的有效果，我以后一定要长期坚持！"

2

制订学习计划有什么重要性呢？学习计划是实现学习目的的关键。一旦设定好目标，就要有条不紊地去实现，于是计划就应运而生。按照计划一步步前行，就会离目标越来越近。

制订学习计划，在一定程度上能够磨炼孩子的心性，让他们学会节约时间。在计划的引导下，按照既定的安排做出行动，也就有了确切的目的。但计划不如变化快，总有一些意外会打乱计划，迫使你做出改变，这就是现实与理想之间的矛盾。

为了让制订好的计划顺利进行，就需要消除一些问题。在此期间，你的意志就会受到磨炼。时间一长，你的进步和收获就会不断增多。这会令人心生愉快，并增加信心。

学习计划有利于形成良好的学习习惯。合理的学习计划会让自己的学习与生活界限得宜。只要形成了固定模式，一个人就会按时入睡，到点学习，自觉运动，自然而然就养成良好的学习习惯。

学习计划的制订可以避免浪费时间，提高学习效率。计划合理、科学，那么计划中的任务就是有用的。亲爱的孩子，制订好了学习计划，你就会知道，如果多玩半小时会导致下面哪项任务没法继续，而这个没完成的任务又会给整体计划带来哪些问题。有了学习计划，就能确定下一步的走向，不用浪费时间去思考，也不会再犹豫不决。

3

孩子，在制订学习计划前，要进行自我分析。首先，搞清楚自己的学习特点，看你是记忆力好，还是理解力强。其次，再分析自己的现状如何，与同学对比，确定在班级的名次；与过去相比，看看自己是否进步。

紧接着，就需要确定目标。积极的学习目标能够带动你前行，而没有目标，你很可能如无头苍蝇，看不到方向。目标的设立需要有重点，比如你的弱势科目以及各学科的重难点。目标还要适当，不可过高或过低。目标过高，难以达成，容易让人失去信心；目标太低，过于容易，不利于你取得进步。要根据自己的实际情况设定目标。

学习计划并非一成不变，需要随时灵活调整。比如，某天你因为参加比赛而觉得身体极为疲惫，那就应该适度增加休息时间。如果你为了执行计划，昏昏沉沉地继续学习，不仅达不到学习的效果，还可能搞垮身体，因小失大。

学习计划虽然应该具有灵活性，但又必须要以基本不变为原则，方才有利于习惯的养成。若是把任何情况都当作例外，随意调整计划，就会不利于任务的完成。因此，在起初制订计划时就需要考虑充分，而计划成型后，直到总目标实现前，尽可能不要变动。

亲爱的孩子，制订的学习计划一定要实行，若是不按计划行动，那便是白费功夫。为了让计划顺利进行，就需要对计划的实行情况定期进行检查。你可以制作一个计划检查表，在表格上标出时间、任务和进度，每完成一项，就打上对钩。你可以根据检查情况及时完善学习计划，让计划越来越完美。

永远先做最重要的事

“现代管理学之父”德鲁克说：“最重要的事情先做，别无其他选择不要先做那些次要的事情。如果不做这样的选择，那将一事无成。”

1

女儿在复习功课时，总喜欢把好几个科目的书都拿过来，摆放在桌面上。她一会儿看看这个，一会儿看看那个，完全没有顺序和逻辑，连自己最应该先学习哪个科目也不知道。

有一次，她又把课本全部摆在书桌上。这次，她先从最喜欢的语文开始看起来。看完之后，她又拿起了历史书。于是，我走过去问她：“这马上要考试了，你复习得怎么样啊？”

女儿回答：“我大部分科目都看完了，就数学有一些薄弱章节没复习。”

我问：“既然你数学没看完，为什么不在数学下功夫，却看一些十拿九稳的科目？”

女儿说：“因为我讨厌数学啊，我看不进去，就想看别的书。”

我说：“你这是典型在时间分配上本末倒置呀，你应该先做最重要的事情，复习薄弱科目之后再谈其他。你现在把时间分配得不合理，最关键的书你还没看，又怎么会取得进步呢？”

2

培根说：“敏捷而有效率地工作，就要善于安排工作的次序，分配时间和选择要点。只是要注意，这种分配不可过于细密琐碎。善于选择要点就意味着节约了时间，而不得要领地瞎忙等于乱放空炮。”

为什么永远先做重要的事情？这是因为人们要做的事情太多，而时间是有限的，所以一定要分清事情的轻重缓急，坚持先做重要的事情。

有人说过，一个人一生中只能做一件事。除了天才以外，大部分成功者都专注于一件事情，数十年如一日。把一件事做到极致是很难的，而人的能力和时间也有限的，能做好一件事就已经很不容易。

亲爱的孩子，永远先做最重要的事情，这样会让你感到轻松。因为关键的事情完成了，就不用在时刻想着它，人们只会记住重要的事情。而次要的事情不做或少做，都不会影响到全局。

等把重要的事情做完，读书读得晚或者是少读几页，心里都不会感到着急，更不会有负罪感。因为最看重的事情已经完成，心里可能还有些成就感；反之，重要的任务没有完成，即便做了一些次要的事情，也会觉得今天效率太低，进而产生挫败感。

不管是学习还是生活，都要循序渐进、分清主次，这样才能提高做事的效率，让做事更加有条理。

有“人类潜能的导师”之誉的史蒂芬·柯维曾说：“世界上最不幸的事，就是你生命中重要的事情，总被推到后面的位置。”他认为我们应该把目光从“具体的时钟”移开，不受时间的有限性所控制，探寻事情的重要性，再决定它是否为当务之急。另外，还要记得，不让意外事件轻易打乱你的计划。

3

亲爱的孩子，你可以把一天要做的事情写在纸上，并按照轻重缓急分类，可以分成 A、B、C、D 四类：

A 类：代表重要且紧迫的事情，比如重要考试之前的复习、下午要交的作业等。

B 类：代表重要但不紧迫的事情，比如生物老师要求的实验记录、两天后要交的演讲稿等。

C 类：代表不重要但紧迫的事情，比如随堂测试（你已经对所考范围的知识极为精通）。

D 类：代表不重要不紧迫的事情，比如和同学一起去买衣服，为下周的英语竞赛做准备。

孩子，你可以在你要做的事情后面写上相应的 A、B、C、D，这样你就能分清楚事情的轻重缓急。

接下来，你可以运用“二八法则”，做有效的时间分配。记得要把 80% 的时间分给 20% 的重要任务，把 20% 的时间分配给 80% 的普通任务。这样你只要完成 A 类和 B 类的任务，就完成了 80% 的学习任务，而 C、D 类，有时间就做，没有时间也可以暂时搁置。

另外，你需要认真衡量自己的能力及付出程度，弄明白自己是有能力没付出，还是付出许多但是没能力。你需要依据自身实际情况，事先将每天的任务安排妥当；行动时全身心投入，不要分心在其他事上。

时间管理的精髓，就是永远先做最重要的事，有时候可能是先学最难的知识，先做最难的习题。如果把困难放在最后解决，效果反而最差。先完成最重要的事情，意味着你能专注地解决这件事，有利于后续时间的分配。这样你才能讲时间分配得更加科学、合理。

把握课堂上的“黄金45分钟”

老师们讲课常常是“课堂 45 分钟，课后 10 年功”，而高考状元们的听课箴言则是“课堂走神 1 分钟，课后摸索半天功”。

1

有一段时间，女儿做作业总是遇到不会的知识点，所以作业总写得磕磕绊绊。

我问她：“这个知识点老师上课没讲吗？”

“好像……讲了吧。”女儿吞吞吐吐地说。

“讲了，你怎么不会？你是不是没在听？课堂上你在忙啥？”我已经感觉到怒气上头。

“我忙着记笔记，但老师讲的知识点太多了，讲得太快了，所以有些我就漏掉了。”

“那你是怎么记笔记的？”我问。

女儿摸摸头，说：“老师讲什么，我就记什么呗。”

“笔记只要记重点就行，没必要全部都记呀。笔记只是听课的辅助工具，你不能为了记笔记而耽误了听课呀。”

“我也在听课。”女儿不乐意地说。

“我知道你在听课，可是效率不高。如果你不能抓住课堂上的45分钟，课下就需要三倍的时间来弥补，效果还不一定好。”

2

为什么课堂上的45分钟如此重要呢？因为老师拥有多年的教学经验，他们极其了解学生在学习过程中会出现什么问题。因此，老师会在课堂上反复强调这些重点，告诉学生如何避免一些错误和误解，这是课本上所没有的。可以说，只有认真听老师讲解才能掌握核心知识。所以，对于学生来说，专心听讲是学习的重要环节。

如果认真听讲，即便没有进行专项练习，当遇到难题时，也会有部分解题思路。但若是没有专心听讲，哪怕课后进行复习，再遇到类似问题时，也很可能会感觉跟没学过一样。

这是因为当你自己看课本时，等于课本直接告诉你一个答案。这个答案无需思考，轻而易举便可得到，所以你根本就没有将知识掌握扎实。而认真上课的话，你会听老师讲述知识的来源、背景及运用方法等等。几节课后，你就可以直接解决相关的问题。因此，认真听课极为重要。

亲爱的孩子，你应该重视课堂，不要总想着自学，毕竟老师们比你更有经验。上课认真听讲，才是最有效率的学习模式。

上课不认真听讲让很多同学走上了“课上没听懂，回家请家教，业余去补习”的歧途。课堂教学的作用是所有外力教学无法取代的。在课堂上没把知识掌握好，课下去补习，未免费时费力。

3

在短短的黄金45分钟中，老师讲课一般会将核心内容集中在20分钟，尤其理科课程更为突出。因此，在听课时，要学会抓住重点。

在课堂上，要重点关注自己预习时不明白的知识点，并依据老师的讲解，弄清思路，解决疑问。另外，一定要重视老师所讲关键内容，抓住重点字词以及重点和难点，注意老师引入新课的方法和对本课的总结。

每节课的开始几分钟，老师通常要强调上节课的主要内容，这是需要关注的部分。在此期间，你可以查缺补漏，发现问题所在。而每节课的最后几分钟是小结，老师会将本节课的重点进行总结，十分重要。

在讲课过程中，老师会对重难点进行适当的提示，比如“这一点非常重要”“这是个常遇见的错误”“这两个概念很容易混淆”等。这类词句通常就是在强调重点和难点。一定要注意它们，这会帮助你迅速抓住重点和难点，提高学习效率。

在引入新知识后，老师会仔细讲解主要内容及其应用。这时，需要你高度集中注意力，认真听老师讲解了什么新知识，主要强调了什么，如何进行实际应用，以及一些解题思路和技巧。在此期间，老师会进行提问。这些问题是专门针对本节知识进行应用的，这就要求你认真听，结合新学的知识进行思考和回答。

亲爱的孩子，你在听课过程中应该学会抓住关键点，将注意力主要放在这上面，保证张弛有度，以提高课堂效率。老师在板书上归纳的知识具有提纲挈领的作用，而他反复强调的地方就是重难点。你需要结合板书，仔细思考，并做好笔记，方便以后进行记忆。

总之，课堂上的黄金45分钟极为关键，把握好这45分钟，不仅有助于你对知识的学习、理解和应用，也能提高你的学习效率，节约许多时间。

高效利用自习时间

“树根理论”认为，如果将人看作一棵树，学习力就是树的根，也就是人的生命之根。我们评价一个人是否具有竞争力，不是看这个人在学校时的成绩好坏，也不是看他的学历有多高，而是要看这个人有多强的学习力。

1

有一段时间，女儿的班级实行家长监督学生自习制度。那天正好轮到我，我就去监督学生们自习。当时，女儿不知道在低头写着什么，一直没停笔。我环顾四周，发现有的学生不知道该做些什么，一会儿看看数学，没看几分钟又想起来英语作业还没做完，又去看英语；有的学生在发呆、聊天，甚至还有睡觉的。

他们班的学霸坐在第一排，我看他拿出一个小本，上面应该是他晚自习的计划。他按照计划，先进行复习，吸收课上所学知识；再写作业，认真做题；之后又开始翻开书本，预习下一节的内容。每完成一样，他就在计划表上打钩，有条不紊。

放学回家后，我和女儿说了我观察到的情况。

“怪不得他学习那么好，原来是这样啊！”女儿感叹道。

我说：“除了上课以外，拉开所有人差距的就是自习时间。如何进行自习，也是提高成绩的关键。”

2

所谓自习，就是给学生一些自主时间，让学生自行整理知识和安排学习内容。自习课可以用来写作业、复习、预习、整理笔记等。学生全天都在不停地学习新知识，非常需要自习课来进行缓冲。如果能利用好自习课，将会起到事半功倍的效果。

周培源是一位科学家，也是一位教育家，他说：“自学成才是一条必由之路，不进学校必须自学，即使进了学校，教师也只能起指导、咨询和辅导作用；学生成才主要靠自己的主观努力。”著名科学家钱学森也讲道：“自学是一生中最好的学习方法。”

自习可以体现一个人的自主学习能力。一个人有没有主动学习的意愿，会不会学，都能在自习课上看出来。那些成绩优秀的学生往往能把自习课安排得井井有条，而有些学生则把自习课弄得乱七八糟，什么都学不进去。

在自习时，你可以梳理知识，将所学的内容进行归纳和总结。随着学习强度的增加，有些知识如果不及时梳理就很容易被忘记，无法与其他知识联结在一起。知识点是相互关联的，留出时间梳理，才能更好地加以记忆和运用。尤其是当某节课知识量过大时，你可能没办法马上理解和消化，而自习正好能帮助你解决这个问题。

自习课是进行查漏补缺的好时机。你在课上所学的知识，在实际应用时仍会出现问题。因此，如果遇到课上没搞懂的地方或是遇到难题，都可以拿着问题去问老师。老师会根据你的实际情况为你答题解惑。

3

怎样才能利用好自习时间，使其发挥最好的效果呢？

孩子，复习功课是首要任务。不要急着写作业，利用自习时间温习功课，会更有效果。

你需要再次浏览学过的内容，包括课本中的概念、定义和例题。根据课上老师的讲解，重新把思路理一遍。记得要及时完善课堂笔记，将其补充完整。对于模糊不清的知识点，可以向老师或者同学请教。

写作业是巩固学习内容的过程，需要以复习为基础才能进行。挑自己不擅长的作业先做，有助于提高弱科成绩。那些重复性的作业，你可以回家再做。你应该充分利用身边的资源，做一些有难度的题目。这样一旦遇到困难，你就能够及时请教老师或者同学。

做完前两项就可以预习新内容了。学好前面的知识，有助于理解后面的内容。预习时遇到不懂的地方要用笔标出来，第二天带着问题去听课。在书上标好重难点，方便你有针对性地听课。对照前面所学内容，看看哪些知识与新内容有关联，花点儿时间回忆一下旧知识，再规划一下第二天的学习计划，包括要上哪些课、有什么内容安排、要实现什么目的等。

亲爱的孩子，你可以多观察班上的学霸是如何上自习课的，直接请教他们，或是向老师申请跟学霸做同桌，一起学习。

其实，你把每一节自习课都充分利用起来，那么回家之后会得到很大的“解放”，不用再熬夜复习了，因为你已经把学习时间充分利用好了。

交叉学习，善用莫法特休息法

“汽车大王”福特说：“只知工作而不知休息的人，有如没有刹车的汽车，极为危险；而不知工作的人，则和没有引擎的汽车一样，没有丝毫用处。”

1

女儿总喜欢连续学习很长时间，中间也不休息，所以她有时会向我抱怨。

“妈妈，我好累啊！学习真不是一件轻松的事情。”女儿揉了揉肩膀。

“那你学习多长时间了？”我问。

“4个小时。”

“你一直没休息吗？”

“嗯嗯，看我多厉害！”

“那你走神了吗？”

“没有啊，我一直都在看书。”

我有些怀疑：“是吗？可是没有几个学生能够不停地学，因为长时间的学习会让人不自觉地走神。看似连续学习很长时间，但实际上只有3个小时是真正学习。”

“好吧，我承认浪费了许多时间，可是怎样才能有效学习呢？”

“女儿，你听说过交叉学习吗？”

“那是什么？”

“交叉学习是指在一个时间阶段同时学习多项技能，相互穿插进行，既能实现休息的目的，又不浪费时间。你可以试试这个方法，或许会有成效。”

2

为避免持续学习一个科目产生疲劳，于是适当改变学习内容，及时进行调整和放松，来保证大脑的兴奋，这就是莫法特休息法。不在一个学科上连续学习，而是多学科并行，能让人感到时刻精力充沛。这样就可以充分利用时间，更好地学习知识。

人们在工作时有一个误区，就是总觉得只要拼命地干，就可以取得很好的效果。所以，很多学生总是连轴不断地学，甚至一刻也不停歇。这种精神是值得赞赏的，但是这种方法却不得要领。

大脑如果一直忙于某项工作，渐渐就会感觉单调枯燥，最终疲惫不堪。可是如果每隔一段时间就变换不同的工作内容，大脑就会产生新的兴奋灶，让你重新获得活力，继续保持高度专注。用这种方法来学习能够取得很好的效果。

如同农民伯伯种地一样，在一块土地上连续多年种植同一种农作物，时间久了土地的肥力就会下降。有经验的农民会今年种这一种农作物，明年就换另一种，这样两种农作物的产量都会得到提高。

莫法特休息法能够增强大脑分辨不同含义的能力，由于学习内容存在差别，就需要大脑针对性地寻找相应的解决方案。这个过程会帮助你更好地进行选择，从而做出正确的决策。

另外，该方法能强化联想记忆。题目各有差异，就需要多次尝试才会得出答案。这就需要大脑不断唤醒曾经学习的不同内容，反复将其收入短时记忆中。多次重复之后，就会加强各个任务与真正答案之间的神经联系，提高学习能力。

3

很多学生都有这样的体验，在晚自习时重复背单词，很快就感到身心俱疲。这时候，如果像莫法特一样，“换一张桌子”，放下手头的课本，换另一个科目，从背单词跳跃到做物理习题，就能够极大地缓解这种疲乏感。

亲爱的孩子，你可以通过转换学习地点或学习科目，甚至几个科目交叉进行，来使大脑始终处在新鲜的刺激下，让大脑保持灵活。许多名人每天天不亮就起床，工作一天都不疲累，就是因为他们会合理安排任务，每个时间段都做不同的工作，保持了紧张而又不紧迫的工作节奏。

读书也可以动静结合。比如，坐着读书很累了，就可以站起来读，在房间里边走边读，也可以在安全的户外边读边思考。这种情况比较适合背诵，因为眼前的景色不断变化，大脑对知识的记忆会更加深刻。

孩子，你要懂得去主动改变读书的姿势、地点，如果还不行就换一个科目，或者闭上眼睛休息一会儿。总而言之，你必须要在一个良好饱满的精神状态下读书，否则状态很差还强迫自己坐在那里，读了也是白读，倒不如出去玩一会儿了。

高手教你如何利用零碎时间

俄罗斯作家雷巴科夫曾说：“用‘分’来计算时间的人，比用‘时’计算时间的人，时间多出59倍。”

1

我问女儿：“你知道5分钟能用来干什么吗？”

女儿回答：“5分钟？5分钟能做什么，都不够我吃一顿饭呢。”

“那我换个问法，你觉得有5分钟的时间，你可以做什么？”

“嗯……让我想想，可以收拾书包、整理一下书桌。”

我笑着说：“女儿，你有没有想过在学习上能干什么呢？”

“那么点儿时间，写作业完全不够。”

“不要小看这几分钟，5分钟虽然不多，但也不少。我们可以利用这5分钟来回忆一遍自己学过的知识，或者利用这5分钟记几个单词，也可以用5分钟来练习自己的英语口语。”

2

所有人每天都只有 24 小时，但是你如果在时间的利用率上比别人高的话，就会收获更多。

我们把正在做事的时间段落称作“时间块”，而两个“时间块”之间就是“碎片时间”。仔细想想，你就可以发现许多碎片时间。

鲁迅先生说：“哪里有天才？我是把别人喝咖啡的工夫都用在了工作上了。”真正地想要学到一些知识，想要比别人阅读更多书籍，就要把所有碎片化时间利用起来。别再玩手机，别再发呆闲逛，利用 5 分钟看会儿书，一天下来看 10 次就相当于你看了 50 分钟的书。

如果要等有大把时间才读书，如果要等手头没事时才读书，如果要等到天气很好、心情也很好才读书，那很可能永远也翻不开书的第一页。学习不能追求“天时、地利、人和”，把碎片化时间都利用起来，就能够更好地收获知识。

利用碎片时间读 10 分钟书，然后进行消化和吸收，让它们真正成为脑袋里有用的东西。做好碎片化学习，长时间坚持下去你就会觉得受益匪浅。这种在快节奏生活里拼命汲取知识的无奈之举，却也是有用之法。很多学生每天都很满，却还有很多事顾不过来怎么办？利用好碎片时间，在上学的路上背下 5 个单词，午休时间记下一个公式，上厕所的时候把一篇不长的古文阅读一遍，渐渐地我们就会发现，时间虽少却收获颇丰。

3

亲爱的孩子，有许多碎片时间可供你利用，比如在上学、放学的路上，你可以背背单词，或者回忆老师讲课的内容。到校后却还没上课的这段时间，你可以进行交叉复习，巩固之前学习的内容，或者背诵一下古诗和公式。

早上醒来后和睡觉前，是记忆的“黄金时间段”。你可以在入睡前把当天学过的知识串联一下，第二天醒来后再重新回忆一遍。这样做的效果极佳，记忆会更加牢靠。

放学时，你可以在学校多停留 30 分钟。因为放学的时候人流大，走起来会浪费许多时间。反正你也没办法出去，不如就在教室多停留 30 分钟。这样你就不会因为着急整理物品，而在放学前不认真听讲。另外，你还能利用这段时间，高效完成一些作业，让晚上的时间更充裕一些。

孩子，碎片时间并不可控，这就要求你提前做好准备，一旦遇见就能及时利用。如果方便，你可以随身携带图书。对于一些过厚的书，你也可以选择将其中的内容制作成知识卡片。提前将单词或是公式等写在卡片上，在碎片时间里随时拿出查看，会有很好的效果。

另外，利用碎片时间需要有针对性。比如有 5 分钟的时间你能做些什么？有 15 分钟呢？20 分钟呢……由于碎片时间无法确定，因此，这些问题都要考虑进去。你可以列一个表格，将碎片时间划分成不同时长。这样能帮助你合理利用碎片时间，并有助于你学会做计划。

利用碎片时间，就是做一个有心人，把一些容易被忽略的时间汇集起来，让它们具有可操作性。这样，你就会拥有更多学习时间，比别人学得很多，比别人收获更多。

第七章

学习是为了给梦想插上翅膀

著名作家莫言说：“任何一个梦想，都可能因为读书而产生，而实现一个梦想，也必须借助读书来实现。”如果你还没有梦想，就努力读书去寻找它。如果你已有梦想，就努力读书去实现它。

努力的每一天，都是在向目标靠近

荀子曰："积土成山，风雨兴焉；积水成渊，蛟龙生焉；积善成德，而神明自得，圣心备焉。故不积跬步，无以至千里；不积小流，无以成江海。骐骥一跃，不能十步；驽马十驾，功在不舍。"

1

大年初三那天，我带着女儿去表哥家玩。当时，我发现侄子亮亮正坐在书桌前看书。

我说："不是吧，大学霸，你过年都不休息，还在学习啊？"

表嫂在一旁叹气，说："你看看他，别说现在了，就连除夕当晚都在看书，叫他去看春晚，他说会影响他的计划，唉……"

我笑道："嫂子，你应该开心才对，你家孩子一点儿都不用管，多好啊！"

女儿插嘴道："你真没休息啊？"

亮亮摇了摇头，说："怎么可能不休息？我每天都有固定的任务，任务完成就是自由活动的时间了。我都已经养成习惯了，就算是节假日，也要先将计划完成。"

女儿说道："我觉得，努力也不差过年这几天吧？"

亮亮说："要想考入名牌大学，就需要持续地坚持。我努力的每一天，都是在向这个目标靠近。"

2

亲爱的孩子，不要小看每天的那一点儿努力，经过日积月累，它们就会让人有了质的飞跃。

人都有懈怠心理，会因为各种原因选择松懈。尤其是期末考试后和过节的时候，很多人思想开始麻痹，觉得反正也考完试了，放假了，没有了任务，就想着歇一歇，放松一下，却没看到潜在的隐患依然存在。经过考试，我们会发现自己还存在不足之处，此时应该及时查漏补缺。另外，日后该如何学习，此时也应该准备做计划。

毫无疑问，懈怠的危害是很大的。一个人一旦从紧张的学习中松懈下来，就容易变得不思进取，走进得过且过的"舒适圈"。自己把标准降低了，好的习惯就很难保持住，很可能就无法再回到之前的紧张状态。人变得散漫了，学习生活也会得过且过。思想懈怠就无法坚守优良的作风，责任心也随之淡化。不想复习课本知识，也不去做习题，久而久之，成绩必然下降。

有人列举了两个式子：$0.99^{365} \approx 0.03$；$1.01^{365} \approx 37.8$。其中"365 次方"代表一年的 365 天，"1"作为对照值，"0.99"代表每天都比原来退步一点儿，"1.01"代表每天都比原来进步一点儿，由此可见，每天多努力一点儿和每天退步一点儿，最后的结果有天壤之别。

看到这样的结果，你感到惊讶吗？你不过就比前一天懈怠了一点点，结果一年后就被远远地落在了后面。相反，如果你每天比前一天努力一点点，一年后你就可以远远地超过别人。

3

那么，怎样才能一直坚持下去呢？关键是要养成良好的习惯。

很多人都有自己的学习目标，甚至还制订了详细的学习计划，但很少有人能够一直坚持下去。放弃的原因多种多样，只要你不想做这件事，就一定能找到借口。

孩子，你一定要养成坚持的好习惯。有科学研究表明，一个人一天的行为中大约只有5%是属于非习惯性的，而剩下的95%都是习惯性的。如果你能花上一段时间把自己的学习计划变成自己的习惯，那么你就能坚持下来。

你每天学习的时间要适度，在自己的能力范围内，不要安排得太满。根据你的实际情况调整每天的学习计划，如果你以前从未连续学习一小时以上，那就不要制定每天学习2小时以上的学习计划。你可以每天学习半小时或一个小时，再将其拆分为每次10分钟或20分钟，这样更容易坚持下去。

亲爱的孩子，你要把每天需要做的任务放在首要位置。你可以每天早起20分钟或半小时，用来完成学习计划。尽量把每天最重要的任务做完，这样即便有什么意外，也不会影响接下来的计划。

坚持并不是一朝一夕的事情，你努力的每一天，都是在向自己的目标靠近。孩子，勇敢往前走吧，世界都会为你让路。

永远不给自己设限，何况你还是个孩子

身残志坚的演讲家尼克·胡哲在《人生不设限》一书中说道：“错的并不是我的身体，而是我对自己的人生设了限，以至于限制了我的视野，看不到生命的种种可能。”

1

女儿准备考“PET”，单词是她的一大关。正好放暑假了，我给她安排了一个任务，让她利用暑假时间把单词全部背完。

我问女儿：“一共3500个单词，每天背60个单词，你能做到吗？”

女儿很惊讶，说：“这也太难了，我恐怕做不到。”

“你不试试，怎么就觉得自己做不到呢？”我反问道。

“那我试试吧。”女儿只好答应下来。

我提示说：“我觉得死记硬背可能有点儿悬，你可以找找方法。”

“嗯。”

这几天，我发现女儿就连吃饭时间都“念念有词”，家里贴满了写着单词的小纸条。

第一周过去，女儿背了400多个单词，我高兴地夸奖了她。

等到假期结束，女儿真的把“PET”要求的单词全部背完了。

女儿兴奋地说：“真没想到，我真的能够做到！”

2

亲爱的孩子，我相信你有潜力，你能做成连自己都觉得不可思议的事。你也要对自己有信心，不要给自己设限。

阿富汗一位了不起的女性法齐娅·库菲在她的《我不要你死于一事无成》一书中说道：“把目标放高，你永远无法估计一个人的爆发力能达到什么程度。如果一开始就已经设限，那么，这一辈子，你很可能就没有了爆发的欲望，何来高度、深度、宽度可言？

很多时候选择放弃，就是因为给自己设了限。事情未开始做之前，就先预设未来可能会遇到的困难。这种预设往往不是为了提前想好解决方案，而是为自己的胆怯寻找借口，企图说服自己放手。他们早已给自己设定了一个“高度”，暗示自己最多只能做成那样。

不为自己设限会让人生更加精彩，打破固有的壁垒。天生没有四肢的尼克·胡哲，从一无所有到拥有一切，活出了生命的奇迹。尽管他在生理上有无数限制，但他的人生却极度自由。他做了许多别人看起来无法做到的事情，他会冲浪、会游泳、能打球，甚至走遍34个国家，演讲1500多场。所以，不要给自己设限，因为生命有无限可能。

孩子，学习就像飞翔，书读得越多飞得越高，哪怕天空也不是你的极限。你看古今中外的名人，无一例外都是饱读诗书。他们也许学历不高，但是读书量却十分巨大。尤其是像莫言这样的名人，若是不读书，他们的命运会像同伴一样，种地放牛，在山区度过一生。

正是多年持续不间断地学习，让他们获得了非凡的成就。每个人出生时就如同一张白纸，通过学习知识来在这张白纸上作画，有些人画出恢弘大气的《清明上河图》，也有些人乱写乱画，最终得到一张废纸。

3

如何才能挖掘自己的潜力？我觉得最重要的一点，就是去做你认为有一定难度的事。就像网上曾流行一句话："当你不知道如何选择，就去选择难走的那条路。"

亲爱的孩子，还记得吗？你之前练钢琴时，我给你准备了一份难度超高的乐谱。你觉得没有信心弹好，只能勉强打起精神练习，结果错误百出。在你练到第二周时，我给你了一份难度更高的乐谱，让你试着挑战一下；等到第三周时，我又给了你更难的乐谱。

同样的情形一直持续下去，你每次都要重新面临难度更高的乐谱，却怎样都赶不上进度，这导致你越来越沮丧。后来，你向我提出了质疑。我并没有回答你，而是让你弹奏最早的那份乐谱。结果令人惊讶，你把那首曲子弹得很好。于是，你又试了第二堂课的乐谱，表现得依旧很优秀……如果我总是让你弹最擅长的曲子，那你可能只会停留在原地，不会有现在的成果。

孩子，要让你的潜力充分发挥出来，就需要你去主动看见自己的闪光点。"我能行"的认识过程也是自我发现的阶段性过程。很多时候，并非是智商不够，而是没有挖掘出真正的潜能。你应当多向外面展示自己的优势，别人就会认为你能行。那么，你就会越来越向好的方面去努力。

人的潜力是无限的，但如果不敢挑战，总是为自己设限，人生就不会有所突破。泰戈尔在诗中写道："没有流血的手指弹不出这世间绝唱，没有地狱般的磨炼不能拥有到达天堂的力量。"所以，永远不要给自己设限。

荒废了过去？现在就是最好的开始

美国政治家富兰克林说：“如果有什么需要明天做的事情，最好现在就开始做。”

1

我曾经在网上看到这样一个故事：

一个叫“飞翔的小叶”的网友，讲述了自己的亲身经历。

小叶刚上初中时，因为母亲的意外去世，性格大变。他经常逃课，整整两年都过得浑浑噩噩，成绩垫底。

老师早就放弃了对他的管教，连他的爸爸说起他，也是连连摇头，叹气不已。

后来新换了一个语文老师，她的几句话改变了小叶的一生。

老师和小叶聊了很多，那一刻，他忽然意识到，自己再这样下去，真的就完了。

他说：“就算我想好好学，也晚了。”

“怎么晚了？”老师问道。

“这马上初三了，我可能连初一的知识还不会。”小叶小声说道。

“这的确是事实，但如果你今天不开始学，明天还是不会啊。”老师劝他。

“也是。”

“你知道那句话吗？”

“哪句？”小叶问道。

“种一棵树最好的时间是十年前，其次是现在。”老师语重心长地说。

他从此完全变了模样，开始疯狂读书，最终考上一所不错的高中。如今，他对那位老师感激不已。

2

美国著名作家亨利·詹姆斯说：“尽情地享受当下吧……你具体做什么无关紧要，关键是你要立刻行动起来……失去的就永远失去了，这是毫无疑义的……所谓适当的时刻，就是人们仍然能把控的当下时刻……”

相比于荒废的过去、遥远的未来，现在的时光更值得去珍惜。学习的机会不在于未来，而在于每一个当下。

从现在开始，就给自己一个重新来过的机会。过去已成定局，无法挽救，也不会改变。所以，亲爱的孩子，你唯一能做的就是，抓住现在的每分、每秒，从此刻开始努力学习，因为只有现在是你可以把握的。

从现在开始，你会发现行动的重要性。重新开始不是简单的一句话，需要付出实际行动。你需要脚踏实地，认真地进行改变。你如果不行动，永远只能站在原地做一个幻想主义者，而非行动主义者。空想不会成为现实。想要抹去荒废的过去，就意味着要付出更多的努力。你要比其他人更加努力，补上你落下的功课。你需要花费更多的时间和精力，去切实地行动起来。

《诗经》中有句话叫：“靡不有初，鲜克有终。”这是告诉人们，有个好的开始不难，关键是怎样坚持下去。如果没有做好持续努力的准备，学习是很难出效果的。

3

亲爱的孩子，如果你对荒废的过去感到后悔，对未来感到恐惧，那你需要做的就是把握好现在。

不要等准备好一切再开始行动，否则你永远无法开始。现实中没有完美的开始，你必须在问题出现时马上解决。行动的最佳时间就是现在，你应该集中注意力做好现在能做的事。不要后悔过去应该做什么，也不要忧愁明天会怎么样。

孩子，你可以使用“两分钟法则”，就是先去判断临时任务所需要的时间，若是能在两分钟之内完成，那就中断计划去做；反之，则将它放到计划完成后，再另行安排。将这一法则延伸，能帮助你有效解决拖延问题。

面对不想做的事，你就告诉自己先做两分钟。把两分钟当成小目标会更容易坚持下来。你行动之后，就会不知不觉将这件事全部做完。

大家都想一下子就做出改变，放弃之前的行为模式，但这是很困难的。孩子，你可以增加新的行为，保持旧的习惯。比如，你想每天晚上少看点儿电视，多背些单词。那你不需要马上放弃看电视，只需增加背单词的时间即可。背着背着，你的想法就会发生转变，而且你会发现自己背单词的时间越来越多，看电视的次数越来越少。先从小的改变起步，给自己设一个轻松的任务，坚持做下去就能成功。

第八章

将来的你一定会感谢努力读书的自己

《风雨哈佛路》中有这样一段话:“这是我的生活，我其实想感谢它，因为它让我不得不必须向前走，身后没有退路，只有向前。”每一份努力都不会被遗忘，总有一天，你会感谢今天努力读书的自己。

总有一天，你会感谢今天努力的自己

大音乐家贝多芬说：“涓滴之水可磨损大石，不是由于他力量强大，而是由于昼夜不舍地滴坠。只有勤奋不懈地努力，才能够获得那些技巧。”

1

我和女儿谈起自己以前上高中时的苦读时光。

“那时候，我每天5点钟起床背单词，上课做题，书桌上堆满了课本，像一座小山一样。尤其是夏天，教室里连风扇都没有，天气十分闷热，我们就在蒸炉一样的房间里学习。”

女儿吃惊地说：“这环境也太艰苦了吧！”

“不仅如此，我们还要上晚自习，上到11点。基本上全年无休，一天除了睡觉时间，全都在教室里上课。”我继续说。

“那妈妈，你觉得值得吗？”女儿问道。

“我认为值得，读书是最简单的一种方法。只要坚持下去，就会改变自己的命运。现在的我，十分感谢当初如此拼搏的自己。”

女儿说：“妈妈，你在那种学习环境下都能继续苦读，而我在有空调、有先进设备的教室里，又有什么理由不学习呢？”

2

英国作家狄更斯说：“我所收获的，是我种下的。”人人都有机会实现自己的梦想，关键在于是否有这个能力，能否抓住这个机会。战国的苏秦之所以能够持六国印行走，就是因为他能为读书而“锥刺股”；宋代杨时为了请教问题，于大雪中在老师家门口等待，直至老师起床为止。

孩子，你未来是感激过去努力的自己，还是痛恨不已，全看你能否在青春年少做到刻苦学习。现在你每天多付出一点儿，增强自身能力，才有助于你未来的发展。你如果每天只知道玩乐，看似轻松无比，但终将会付出代价。为什么不从现在开始努力学习呢？你终究会明白，今天是否付出决定着明天的好坏。

许多孩子总说我以后想如何如何，却不是说我现在要怎么样。光说不练，只能离想实现的梦想越来越远。在日益激烈的社会竞争中，个人能力与知识才是比拼的关键。因此，你所学的知识越多，对人生的帮助就越大。

“书到用时方恨少”，到了应用知识之时，不读书的人往往会失败。别人比你多了解一些知识，比你多涉猎了一些书籍，很可能就能在竞争中胜出。孩子，每个人都有自己的梦想。在实现梦想之前，先读书吧，把所需要的知识掌握好。打好地基之后，再去奋斗，你会拥有更高的成功率。

3

著名数学家苏步青教授认为基础很关键，因为学习是一个循序渐进的过程。他说：“学习这东西，是有规律的，必须由浅入深，由易到难，由低到高，循序渐进。”

基础没打好，就意味着需要付出更多努力，即便如此也很难赶上其他人。落后的课程积攒在一起，知识点复杂又密集。年级越高，知识量越多。今天的问题不解决，下次学习更深奥的知识就会非常吃力。学习就是这样，很可能一步跟不上就步步跟不上。

以数学为例，虽然小学知识很简单，但这些知识点在初中、高中都会用到，而且高年级的知识都是以小学知识为基础的。假如你没学好一次函数和二次函数，之后又怎么能学好指数函数和三角函数呢？

另外，你需要有针对性地做题，对于自己薄弱的地方要及时进行补足；不擅长之处，将书本研究透彻，及时询问老师和同学，吃透概念与公式，然后再进行专项训练，把同类型的题收集起来，仔细进行分析，弄清解题思路。

亲爱的孩子，你所付出的每一滴汗水，都是在浇灌自己的未来。努力过的青春，不会有后悔的颜色。青春是人生中最有价值的时期，也是最值得努力和锻炼的时期。在该学习的年纪，你为什么要选择安逸呢？

你现在所走的每一步，都是为将来做准备。你若不想未来碌碌无为，就应该从现在开始行动。当读书感到疲惫时，请告诉你自己：现在的奋斗都是为了实现自己未来的梦想！

对未来越是迷茫，越要把书读好

莫言对青年学子说：“如果要自己实现梦想，必须靠读书来补充知识，必须靠读书来开阔眼界，必须靠读书来获得前进的力量。任何一个梦想，都可能因为读书而产生，而实现一个梦想，也必须借助读书来实现。”

1

女儿最近遇到许多问题，对人生感到困惑，对未来有些许迷茫。她告诉我说，她觉得上学十分无趣，没法静下心来学习，这导致她的成绩越来越差。

我知道这段时间对女儿来说，很是关键。帮助她重建信心，会有助于她不断进步，但任由她继续下去，就会产生很多问题。

于是，我对她说：“我记得自己读过的一本书里，有这样一句话：‘最重要的，就是不要去看远方模糊的未来，而是动手清理手边实实在在的最具体的事情。’”

没想到，女儿听了这句话之后竟然豁然开朗。

她告诉我：“妈妈，我明白了，无论什么梦想都要一步步去努力才能实现，对未来越是迷茫，就越应该先做好眼下的事。”

女儿想通之后开始埋头读书，她明白，现在最重要的是提高学习成绩。果然，在期末考试中，女儿取得了理想的成绩。

2

每个人都会有迷茫的时候，面对未知的将来和苦闷的当下，不知如何行事。杨绛先生曾说：“你的问题在于，书读得不多，而想得太多。”也就是说，你之所以会迷茫，是因为能力与梦想无法匹配。

孩子，也许你的梦想十分美好，但是你心里清楚，你自己的能力不足，距离实现梦想还有很长一段路要走。这个过程太长，会让你感到惧怕，觉得艰难，想要放弃。但如果你真的静下心来，行动起来，你就会发现，这其实并没有想象中那么可怕。

另一个原因是压力过大。压力可能是来自学校、自身成绩的下降，以及父母和老师的过分关心，这些都让你对学习感到迷茫。你不明白读书到底是为了什么：是为了成绩，还是为了考大学，或是为了找工作？在压力下，你对未来没有一个清晰的规划。

孩子，你会迷茫也许是因为缺乏明确的学习目的。你对书本可能十分熟悉，但你却不知道读书学习其实是为了自己。如果不是为了自己而读书，你就会缺乏动力去学习，就会感到迷茫。

3

迷茫的时候，更应该把书读好。知识不仅能够给你指明方向，也能够提高你的能力。你现在的年纪，与其浪费时间胡思乱想，不如通过读书来让自己更加充实。你想实现自己的理想，就必须通过学习来掌握相关的知识。读书能让你知道化学公式，成为实验室中的科学家；读书能让你熟知古诗词，成为优秀的作家；读书能让你运用数学，成为伟大的数学家。

你需要在读书中确立自己的未来，知识会告诉你答案。在众多学科中，你一定会有自己擅长的科目。你可以围绕优势科目展开联想，从而锁定自己的发展方向。比如，你喜欢历史，那么你可以当考古工作者、历史学家等，这些都是可以一步步来实现的。

打破迷茫的最好办法就是立即行动。如果想不明白，那就不要去想。做好当下的事情，而不要浪费时间。行动会让你忘记迷茫，在不知不觉中发现自己的目标和梦想，从而继续前行。你要学会冷静下来，调整自己的心态。发现自我，认识自我是极为关键的。越早发现，就越有助于避免问题扩大，减少不必要的折磨。

纵有无数艰难险阻，你也要继续学习。你只要坚持下去，就一定会发现人生的目标和方向。相信总有一天，你会迎来胜利的曙光！

克服懒惰，一勤天下无难事

富兰克林说：“我未曾见过一个早起、勤奋、谨慎、诚实的人抱怨命运不好；良好的品格，优良的习惯，坚强的意志，是不会被所谓的命运击败的。”

1

在2021年的东京奥运会上，涌现出一大批优秀的中国运动员。我和女儿看比赛时，一起讨论了这件事。

“妈妈，全红婵也太厉害了，14岁就赢得金牌，她的天赋太高了！”女儿惊叹道。

我笑着说道：“运动员可不是都靠天赋吃饭的。”

“我知道他们经常训练，不过不知道强度怎么样。”

我说：“就拿体操队来说，由于体重轻，好做动作，所以运动员是从小时候就开始培养。基本上5到6岁就要开始进行力量训练。而这时骨化尚未完成，骨折和脱臼就成为常态。而全红婵之所以能够夺冠，离不开她刻苦的训练。为了克服跳水的恐惧，全红婵每天都要在岸上练习300次，跳台上还要练习100次，每天训练3小时以上。为了保证动作标准，只要一个动作没练好，她就会重复无数次。”

“运动员们也太辛苦了！”

“不仅如此，长期练习跳水会对眼球造成巨大的伤害，甚至会造成失明。据统计，95%的运动员都会出现膝关节损伤、韧带受伤以及肩关节痛。有许多运动员因伤被迫退役，告别赛场。”我补充道。

“奥运健儿背后付出了无数艰辛才有今天的荣耀，我一定要向他们好好学习。”

2

晚清名臣曾国藩在家书中说过：“家族的兴盛不能依靠天意，也不能依靠别人，而应当靠自己。如何靠自己呢？就是要勤、慎、廉。”

曾国藩的一生都离不开勤奋，无论是贫寒交加之际，还是事业有成之时，他都一直坚持这一点。他也是这么教育小辈的，一切以勤奋为重。曾国藩出身普通，却因为自己的努力成为极具影响力的政治家。他的成功离不开他的勤奋努力。

勤奋能够磨砺心性，开阔眼界，增长见识。吃得起学习的苦，才能有勇气直面挫折。对于农村的孩子来说，想要去大城市见世面，看到更多未知的事物，勤奋是唯一的道路。很多山里的孩子只有刻苦学习才能走出大山。

勤奋可以提高人的内在修养，让人变得有气度。一个人能经受学习的考验，必然能勇于吃苦，乐于吃苦。在以后遇到任何事情时，他都能够冷静面对，心平气和地解决问题。

著名诗人屈原，三年熟读《诗经》305篇；知名钢琴家郎朗，多年辛苦练习基本功；诺贝尔奖得主屠呦呦，一生试了200多种中药，亲自服药试验，才发现了青蒿素。他们尚且如此，你又有何理由不勤奋呢？

人不勤奋就会懒惰，懒散之人终将一事无成。在曾国藩看来，完成学业要勤，建功立业更要勤。一勤天下无难事，天赋再高，若是做不到勤奋，最终也会像方仲一样沦为普通人，再无“神童”的光环。

3

那么作为青少年，应该怎样克服懒惰这个坏习惯呢？

之所以会出现懒惰的现象，就是因为缺乏动力，对学习不上心。因此，你可以把一些励志的人物和关于勤奋的名言收集起来，贴在随处可见的地方，以名人为榜样，时刻提醒自己努力奋进。一个人有了进取的精神，也就有了奋斗的动力。

亲爱的孩子，你要学会肯定自己，相信只要努力学习，就会取得好结果。你要坚信自己能够打败懒惰的坏毛病，在学习上做到刻苦认真。

一个人一旦懒散，生活就会杂乱无章，身体的各项机能也会随之下降，无法保持良好状态，甚至有时候什么都没做也会感到身心俱疲。所以，孩子，你需要保持规律的生活，让身体时刻保持精力充沛，这有助于你克服心理上的懒惰。

大多数成功人士都离不开计划或日程表，这些表格能帮助他们把要做的事情合理进行规划。很多时候，一再拖延就是因为没有做好计划，而日程表能够提醒你在该做事的时候及时行动。

另外，你一定要记住，无论何时，必须把懒惰扼杀在萌芽状态。一旦感到疲倦时，你就要赶紧提醒自己，不要让懒惰越过你的“红线”。

亲爱的孩子，你应该对自己严格要求，不能向懒惰妥协。你需要用勤奋击败懒惰，拿出坚强的意志力，让自己变得勤奋起来。

给自己设定一个有挑战性的目标

著名企业家李开复说："只有那些有勇气正视现实，有勇气迎接挑战的人，才能真正实现超越自我的目标，达到卓越的境界。"

1

我和女儿今天谈到了万达集团董事长王健林的"一个亿小目标"。我问女儿对此有何看法。

女儿回答："虽然我不知道这个目标是不是真的切合实际，但如果是董事长的话，多半还是容易达成的。"

我赞同道："的确如此，在大多数人眼中，这似乎是天文数字，不可能完成的任务。但是，你知道吗？王健林的这个小目标不仅符合他的实际情况，甚至还很谦虚。据万达官方介绍，他一年的收入就将近3000亿，基本上每天赚8亿，每小时赚3000多万，每分钟就有60万。所以，你说这有没有可能实现？"

"这就不可能不会实现啊，这个目标轻轻松松就能达到了。"女儿感叹。

"说到这儿，你的目标是什么呢？"我问道。

“当然是考上重点高中啦！虽然我现在离目标还有很大的差距，但是我会一点点实现的，首先就是要考进重点班。听说重点班的学生会更容易上好的高中。”

“那你要好好加油！”

2

确定一个有挑战性的目标是为了什么？就是要激发你的潜能和创造力，让它们不再沉睡，与你一起建造一个新的人生。如果目标的难度很低，与之前的要求没什么差别，你就不能获得太大的成就感，能力也会提高得非常慢。目标若是太难，容易让你放弃，同样不是好目标。

真正有挑战性的目标是要让你突破自己的舒适区，它叫作“Stretch Goal”，即延展性目标。简单来说，它就是需要你伸展身体，往上跳一跳才能达到的目标。目标确实不能太容易，因为这样的目标即便被实现了，也没有太大的价值和意义。

无论是多么难考的学校，只要你想去，你就可以将它立为目标。无论你现在的成绩有多糟糕，只要你有恒心和毅力，都可以完成“逆袭”。不要因为自己暂时的成绩自暴自弃，更不要因为成绩差就降低目标。人总要逼迫自己一把，才知道自己有多优秀。

“国民学长”李柘远在被保送清华大学时，坚定地选择去考耶鲁大学，而耶鲁大学从来没有在当地直接招收过高三学生。为此，他刻苦学习英语口语和听力，以高标准严格要求自己，每天给自己制定学习任务，只为考入耶鲁大学。那一段时间，在大家眼中，李拓远变成了一个“学习狂魔”。最后，他成功考上了耶鲁，而且还获得了 4 年的全额奖学金。

不逼自己一把，怎么知道自己有多优秀？一个有挑战性的目标，会让你变得更加充实。就算最终结果不甚理想，但在这个奋斗的过程中，你所收获的远比你什么都不做要多。

3

究竟要怎么设定有挑战性的目标呢？

亲爱的孩子，你可以设定有一半把握能实现的目标；若想加大难度，那就设定有三成把握或四成把握能实现的目标。这个目标应该是你“跳起来”就能达到的，要切合实际，能够发挥自身特长。你可以把你的长期目标、近期目标写下来，甚至细化到各学科的小目标，要足够清晰明了。比如，将下次期末考试，语数外、综合科目想达到的分数记下来，贴在随处可看的地方，激励自己前进。目标可视化就变成了看得见的目标，有助于奋斗。

目标不能设定太多，设定好目标后，进行分解，落实到具体每一天的行动之中。同时，目标的设定不能依赖主观判断，要切合实际，如发现问题应进行优化和修正。

比如，你准备一周读完一本书，结果读了 4 天后发现还剩下五分之三。按照这个进度，你根本不可能实现既定的目标。这时候，你就需要对目标进行修正，改变原有的目标，将一周读一本书改为两周读一本书。当然，在阅读速度提升后，你还可以将目标还原。

孩子，目标虽然不能随意更改，但可以依据实际情况进行调整。我们设定目标一定要从实际出发。

放弃很容易，但坚持一定很酷

俄国作家果戈里说：“你得相信，有志者事竟成。古人告诫说：‘天国是努力进入的’。只有当勉为其难地一步步向它走去的时候，才必须勉为其难地一步步走下去，才必须勉为其难地去达到它。”

1

闲来无事，我和女儿谈论起有关“西天取经”的话题。

女儿说：“妈妈，唐僧师徒真是不畏艰险，九九八十一难都没能击退他们，要是换作我，早就放弃了。”

“是啊，唐僧师徒真的是很有勇气，经历了那么多艰难险阻，依旧勇往直前。”我说。

“妈妈，听说历史上的玄奘法师是一个人独自西行的。”

“是的，玄奘法师从长安出发，开始了茫茫西行之旅，花费 19 年的时间，走了5万多里路。可想而知，在当时艰苦的条件之下，他能成功到达‘西天’，取得经书，是要经历多少磨难哪！”我说。

“可是玄奘大师还是成功了呀！只要坚持到底，不轻易放弃，就会有希望实现梦想！”

“不错，看来你又明白了一个道理。”我夸奖道。

孩子，凡事放弃很容易，但坚持一定很酷。

2

有人说，使唐僧成为唐僧的，不是经书，是那条取经的路。世界上没有捷径可走，奇迹都是通过坚持才实现的。大多数人认为，坚持不一定会成功，那为什么还要坚持？因为坚持会让你遇到不同的风景。坚持虽然不意味着一定能赢，但是每多坚持一分，就会多一些筹码。只有行动之后才能看见希望，就算到最后没有成功，你也不会后悔。

总有人去改变世界，你也可以。爱迪生研制蓄电池花了十年，经历了无数次失败。历史上每一项伟大发明，都是从 1% 的微小成功概率开始的。

瑞典有一位化学家，他在海水中提取碘时，偶然发现了一种疑似为新元素的元素。可是，要进一步验证就需要进行各种复杂的实验，而且还存在危险，所以他就退却了。可是，另一位化学家用一年时间，经过无数次提炼、验证，最终让元素周期表再增添一位成员——溴，从此名声大噪。那位瑞典化学家只能看着对方被世人赞誉，而自己却默默无闻。

这两位化学家，一位坚持住了，取得了胜利；另一位没有坚持住，未能取得成功。可见，能否坚持是取得胜利的关键。

学习也是如此，遇到困难，只要不轻易放弃，就一定会有机会成功。半途而废的人总是会看着别人走向成功，自己黯然失色。很多人就是因为没能在最后一段磨难中撑住，让自己悔恨终身。

3

孩子，当你想要放弃时，仔细想一想，对自己过去那么多年的坚持难道要弃之不顾吗？学过的所有知识，流过的每一滴汗水，熬过的每一个夜晚，难道全都付之东流吗？所以，还是咬咬牙坚持下去吧，迈过眼前这道坎儿。

你必须先拥有永不放弃的学习态度，才能在学习之路上攻克难关，熬过艰难的阶段。没有“再坚持一下”的毅力，就尝不到成功的甜蜜。不放弃，或许还有 1% 的可能，一旦放弃就真的前功尽弃了。

孩子，在选择目标时，你要准确找到适合自己的目标。从生活中的小事开始，有意识培养自身的意志力，哪怕只是早睡早起。任务需要具体，明确一天要做哪些事，完成什么样的目标。降低任务的难度，轻松完成每项工作，你就会更有成就感，更有坚持下去的勇气。

你需要提前考虑到状态不好时该如何应对，寻求相应的解决方案。比如，你下午本来计划好学习英语，但是你状态不佳，完全不想看书。这时，你可以听一些英语广播或英语歌曲。

亲爱的孩子，我来教你一个快速进入状态的方法，那就是从容易、简单的事情入手。等慢慢进入状态，你再去完成计划好的复杂或比较难的任务。比如到自习室学习，你不知道从哪里开始，就可以先背背英语单词，等调动起所有的“英语细胞”后再去做英语题。

坚持是一种信念，因为你知道自己有梦想在召唤。不坚持到底，即便机会来了，你也不一定能抓住。你可能并不知道何时会看到结果，但只有坚持下去，你才能不辜负青春，不辜负自己。

无奋斗不青春，别在该奋斗的年纪选择安逸

爱尔兰剧作家、小说家萧伯纳说：“如果我们能够为我们认可的伟大目标去奋斗，而不是……抱怨为什么这个世界不使自己快乐的话，那么这才是一种真正的乐趣。”

1

今天带女儿去小区里散步，遇见几位大爷和大妈正在树下聊天，我和女儿也加入进去。

张大妈说：“你看我家儿子，初中毕业就下来打工。现在成天在工地搬砖，晚上要很晚才能回家，一回家倒头就睡。关键是这么辛苦，工资也没多少。他无数次和我抱怨，后悔当初没有好好念书。你们说，我有什么办法，我又不是没让他读书。他自己不想上，又能怪得了谁呢？”

“可不是嘛，这些孩子呀，让好好读书都不听，就觉得读书没意思。现在进社会了，又觉得读书好了。”李阿姨说道。

王叔叔说：“现在遍地都是大学生，没有学历简直就是寸步难行啊。除了送外卖、搞建筑这些靠体力吃饭的工作，又有什么好工作让他们选呢？”

我开口道："这还不是"读书无用论"闹的，之前不是有北大学生去卖猪肉吗？大家就认为考上大学也没什么用，还不如早进社会赚钱。可他们却不知道，正是因为北大毕业，人家才能做到就算是卖猪肉也能卖出亿万身家。又有哪些人卖猪肉能做到这种地步呢？人家说了，不管做什么，都要干出北大水平。"

"是呀，"张大妈说，"人家的学历在那儿摆着呢，再不济也能下来找份好工作，永远都有后路。再看看这些孩子，除了打工就是种地，根本没有其他选择。"

2

奋斗的年纪就应该读书，青春若不及时利用，就会影响未来。机会是给有准备的人的，你想拥有好的工作，不再受风吹日晒，就需要在最适合读书的年纪认真学习。奋斗无法改变过去，但它能够扭转现在，改变未来。

在该奋斗时付出，你将会获得更多知识。初中毕业不念书，就不会学到高中知识，而不明白高中知识，也就无法走入大学。知识是相通的，你只有学会之前的，才能够继续学习后面的。

不管是谁都有自己的梦想，而奋斗是实现梦想的唯一途径。比尔·盖茨辍学创业的前提是，他学完了哈佛大学的所有课程。人们只看到他中断学业，却没看到他已经拥有的能力。那些没考上大学，依旧成功的案例，不过是小概率事件。就连过得很好的韩寒都曾后悔，他公开承认："退学是一件很失败的事情，说明在一项挑战里不能胜任，只能退出，这不值得学习。"

在如今学历至上的社会，连大学生都会从事生产线的工作。而不读书的你就更没有选择的机会，甚至连普通工作都无法保证，只能去做那些无人愿做的事情。你连基本生计都无法保证，又何谈理想呢？就算你想反抗也没有办法。因为你的知识、经历和人脉全都严重不足，你根本就无从弥补。

当代作家梁晓声曾说："读书的目的不在于取得多大的成就，而在于当你被生活打回原形，陷入泥潭时，给你一种内在的力量。"读书绝不仅仅是简单的学习知识，实际上，它会赐予你脱离困境的能力和力量。

3

亲爱的孩子，既然奋斗如此重要，你就应该从现在开始，为自己的梦想努力。你需要对自己提出要求，保证强大的内驱力。做事光依靠他人督促是没用的，但是如果你对成绩和目标的追求有极强的动机，那你就会不断奋斗。所以，你应该学会对自己的成绩和任务负责，有完成目标的自我意识。

除此之外，你需要采取正确的学习方法。认真听讲是好成绩的前提，听课质量高，才能更快吸收知识。及时完成老师所留作业，将不懂之处标出来，询问老师或是自己查资料解决。

在学习的过程中，你一定会遇到许多困难。我们会想办法与你进行沟通，挖掘你的真实想法。如果你无法释怀，深陷于失败之中，我们会引导你学会积极应对问题。一次的得失影响不了全局，你需要的是勇往直前的勇气。

亲爱的孩子，你一定要明白，如果想从平凡的生活中活出自己的特色，就只有读书这个办法。正如杨绛所说，"读书的意义大概就是用生活所感去读书，用读书所得去生活吧"。孩子，当你通过奋斗，打败读书的苦难，你就会遇见光明。记住，好好读书是改变自身命运、创造人生奇迹的唯一途径！